改訂新版・新問題形式対応

はじめての
DELF
A1

阿南 婦美代 著

TréfLE
Publishing

本書の音声は下記のサイトでオンライン再生が可能です。
PC、スマートフォンなどでご利用ください。

https://www.trefle.press/a1

はじめに
～改訂新版を刊行するにあたって～

　フランスやフランス語圏への留学を考えている方や、フランス語学習でのレベルアップを考えている方たちの間で、フランス国民教育省公認のフランス語資格試験 DELF・DALF への関心は高まってきています。どのような試験なのか、受験対策はどのようにしたらよいのかを知りたいと思っている方も多くいることと思います。

　とくに初めて DELF A1 の受験を考えている方を対象とした、レベルの解説や試験の内容、評価の仕方などを紹介した手引きになるような練習問題の本がほしいという要望は多く、こうした要望に応えるような形でこの本は、2019年に刊行されました。それから 5 年の月日が過ぎ、この度、改訂版を出版する運びとなりました。

　この間、2022年にはフランス国民教育省が DELF 試験の見直しを行うとの発表がありましたが、A1の問題が大きく変化することはなく、採点方式に変更がありました。改訂版を出すにあたっては、現在刊行されているいくつかの問題集を参考に一部問題形式を新問題形式に対応させました。採点方式に関しては、新しく書き直しました。

　この本は、DELF A1 で評価される 4 つの能力ごとに、その評価される内容と対策問題を用意しています。第 1 章は聴解、第 2 章は読解、第 3 章は作文、第 4 章が会話です。

　実際のテストでは、聴解、読解、作文は筆記形式のテストで行われ、会話のテストは試験官との面接の形で行われます。

　4 つの部門で評価される内容については、各章で説明しています。とくに聴解問題は、日本人学習者には苦手な方も多いと思いますので多くの問題を用意しました。聴解（聞き取り）は、繰り返し練習をすることで力がつきますし、成果もわかりやすいです。

DELF A1は、どの部門も、普段のフランス語学習で行われているごく入門の語学力を試す試験です。大切なことは、まず問題の指示書きを注意深く読むこと、設問にきちんと答えることなので、この基本的なことから練習していきましょう。

受験する語学力の目安としては、すでに仏検（実用フランス語技能検定試験）を受験されたことのある方で、4級に合格されている方、また3級レベルにある方ですが、DELFは仏検とはちがった応用能力が試される試験でもありますので、ぜひ DELF A1に挑戦して、語学力のアップを試みてほしいと思っています。

DELF / DALF について基本的な情報と受験に際しての注意事項を6ページ〜10ページにまとめていますので、参考にしてください。

先にも触れたように、改訂版を出版するにあたり、2023年秋までの問題を見直してみましたが、問題形式の変更は今のところありません。変更案を提示している DELF / DALF スイスによりますと、A1レベルで変更があるのは、聞き取り問題が4問から5問に変わり、配点も各5点に変わるようですが、この問題集では、特に聞き取りには力をいれ、A1レベルの力をつけるための練習を幅広く行うようにしていますので、将来的に変更になっても問題ないと判断しました。

DELF-DALF 試験で、2022年秋から、世界的に大きな変更があったのは採点方法です。それまで、作文と会話の試験は0.5点刻みの細かい評価でしたが、評価はまず、A1〜 C2のそれぞれのレベルに達しているかどうかの判断がされる方式に変わりました。著者もネットでビデオを見ながらの研修を決められた時間受け、証明書を受け取りました。この本の中では、この新しい採点方法についても簡単に説明をしています。

この本が、皆さんの DELF への理解を深め、フランス語の運用能力をつける役に立てれば幸いです。

著者

もくじ

DELF / DALF について ··· p.6

国内試験センター ··· p.11

Partie 1 Compréhension de l'oral 　聴解問題 ················· p.13
Exemple d'épreuve　Compréhension de l'oral
　　TGV 路線図 / リエゾン・アンシェヌマンの練習 / 数字の聞き取り練習
　　聴解模擬テスト問題 ·· p.58

Partie 2 Compréhension des écrits 　読解問題 ··············· p.69
Exemple d'épreuve　Compréhension des écrits
　　読解模擬テスト問題 ·· p.104

Partie 3 Production écrite 　文書作成問題 ····················· p.121
Exemple d'épreuve　Production écrite
　　文書作成模擬テスト問題 ··· p.140

Partie 4 Production orale 　口頭試験 ·························· p.143

DELF / DALF について

■ DELF とは

　DELF / DALF はフランス国民教育省より交付されるフランス語能力の公式な証明書です。この証明書を取得するために以下のレベル別に試験が行われます。

　DELF（Diplôme d'Études en Langue Française）は入門・初級レベルの A1, A2 と中級レベルの B1, B2 の 4 段階、DALF（Diplôme Approfondi de Langue Française）は上級レベルの C1, C2 の 2 段階、計 6 段階で構成され、CECRL（言語に関する欧州共通基準枠）が規定する 6 つのレベル（A1 / A2 / B1 / B2 / C1 / C2）に準拠しています。

　DELF には Prim（小学生向け）、Junior（中高生向け）もあり、一般向けとの違いは、問題が年齢に応じた内容になっていることです。

■ DELF の有効範囲・期限

　試験は、日本では1991年より実地されていますが、現在、世界173カ国で行われていて、資格の取得場所に関わらず、世界中どこでも認められる資格です。

　受験者は自分のレベルに応じ、希望するレベルの試験から受けることが可能です。最初に受験した受験番号が個人番号になります。一度取った資格には有効期限はありません。

■ DELF の特徴

　この試験の特徴は、最初のレベル A1 から聴解・読解・文書作成・口頭表現の 4 つの能力が同じ配点（各25点）で評価されることです。基本的な文法の知識や語彙力も当然必要ですが、知識を問う問題ではなく、その運用能力を計る問題が出題されます。聴解問題は A1 レベルではごく日常的な生活の場での聞き取り問題ですし、文書作成問題についても、各種申込書への記入や、簡単なメモやハガキを書く問題が出題されます。このように実際の語学の運用能力の試験ですから、受験を考えている人は、それなりの準備をしてからの受験が望ましいです。準備さえすれば決して難しい試験ではありません。試験に合格

するには100点満点中50点以上の成績が必要ですが、各項目で最低5点は必要
です。

■なぜ DELF を受けるのか

DELF を受ける理由の1つは、総合的な語学力が、国際レベルで評価でき
るということでしょう。特に、留学を考えている人にとっては、語学留学であ
っても、まず A1 レベルの力を持っていることが、毎日の生活をする上で基本
となると思われます。日本で自分に合ったレベルの試験を受けておき、留学中
にさらに上の資格を取得することで、語学力アップの目標にもなると思います。
また、交換留学の際には DELF のある一定レベル以上の能力が、求められる
場合もあります。

フランス政府給費留学生に応募するには、専門に応じて B1 または B2 レベル
が要求されます。また、一般には B2 を取得していれば、フランスの大学に入
学するための語学テストが免除になります。

■ TCF と DELF の違い

TCF（Test de Connaissance du Français）は、DELF と同じくフランス国
民教育省が認定するフランス語学力を測るテストです。問題は解答選択方式で
す。TCF には不合格はなく、すべての成績に対して公式証明書が発行されま
す。テストの成績を記載した証明書は試験終了後約1ヵ月後には発行されま
すので、すぐに自分のレベルを知りたい人にはお勧めです。点数に応じて受験
者のレベルを、欧州共通基準の6段階で判定しますので、自分の語学力が
DELF / DALF のどのレベルにあるのかもわかります。

証明書には2年の有効期限がありますので、留学その他で、TCF の成績証
明が必要な場合には、予定をたてて受験しましょう。

■仏検と DELF の違い

仏検（実用フランス語技能検定試験）は、フランス語教育振興協会 APEF
が1981年から実施している試験です。日本国内で認められている資格という
点は、DELF と大きく違う点です。

7

仏検は国内での自分のフランス語学力を測るにはとてもよい試験です。仏検は5級、4級、3級、準2級、2級、準1級、1級の7段階ありますが、DELFと仏検との語学レベルでの対応は次のように考えられています。

DELF	A1	A2	B1	B2	C1
仏検	3級	準2級	2級	準1級	1級

　つまり、仏検3級合格レベルにあれば、DELF A1を受けて合格する可能性は高いと考えられます。しかし、試験問題も試験方法も異なるので、全く同じレベルとは言えません。

　仏検では口頭試験が始まるのは準2級からです。筆記試験に合格してから2次試験の口頭試験を受験します。準2級の口頭試験にはフランス語の文章の音読があります。また、筆記試験問題には、フランス語を聞いて書き取る「書き取り」試験があり、3級では部分書き取り、準2級からは全文書き取りとなっています。上のレベルに行くほど、仏検は日本語力も試されます。例えば準1級からは、仏文の長文を読んで、内容に関する質問に日本語で答える問題もあります。ですから、DELF B2を合格しても仏検準1級は不合格、またはその反対もあり得るのです。

　学習目的にもよりますが、上で述べたような仏検で求められる正しく音読することや、聞いて書き取る力や日本語で制限文字数でまとめる力も語学力アップには欠かせない能力です。この両方の試験を到達目標にして学習することは、バランスのとれたフランス語力をつけることになると思います。

■ DELFの受験方法

　試験は日本では春と秋の2回、札幌、仙台、東京、横浜、名古屋、京都、大阪、徳島、福岡の9つの試験センター（11ページ参照）で行われています。毎年、日程やレベルの組み合わせに多少の変更はありますが、予定はかなり早く決まっていて、日本フランス語試験管理センターのホームページで公表されています。また各試験センターや大学などでリーフレットも入手できます。

■出願から証明書発行までの流れ

〈試験情報〉 実施日の約5ヵ月前には公表されます。出願受付期間も確認しましょう。締め切り日は試験開始日の約6週間前です。春の試験（5月実施）を受けるには、2月末から3月末にかけての1ヵ月間が受付期間です。

〈出願〉 願書は日本フランス語試験管理センターのホームページからダウンロードするか、各試験センターの窓口で受け取ります。受験する試験センターの受付に願書を提出し、受験料の支払いをします。遠方の受験者に関しては郵送（願書＋現金書留）で受け付けているセンターもありますので、前もって出願希望の試験センターに問い合わせてください。申し込み後の受験地の変更はできないので注意しましょう。また、学校でまとめて願書送付をする場合は、学校の担当者の指示に従ってください。

〈受験票の受け取り〉 自宅に送付されます。受験票は試験実施の約10日前には受験者の手元に届くでしょう。

〈受験当日の持ち物〉 受験票、写真付き身分証明書（免許書、学生証、パスポート等、何も持っていない場合は前もって試験センターに問い合わせ指示を受けてください）、筆記用具（解答用紙には黒・または青のボールペン・万年筆で記入）等忘れ物のないように。

〈試験結果〉 試験結果は、試験最終日から約3週間後に試験管理センターのホームページで確認できます。閲覧が可能になったら、受験者にメールで知らされますので、願書に正確なメールアドレスを記入するようにしてください。

〈証明書の発行〉 結果通知から約2、3カ月後、試験センターから証明書を受け取ることができる旨の通知がきます。合格証書の引き取りは原則本人です。代理の方が受け取る場合は委任状の提出が義務付けられています。

■受験当日の流れ

受付を済ませてから、試験会場に入ります。

試験が始まると、まず問題用紙が配布されます。問題用紙には、聴解、読解、文書作成の問題がすべて印刷されています。試験はまず聞き取り試験（25点分）がCDでの録音を聞きながら行われます。時間は約20分です。それが終わると引き続き筆記試験になります。A1の場合、読解問題（25点分）30分と

文書作成問題（25点分）30分の計1時間です。時間配分は本人の自由ですので、必ず読解問題も文書作成も出来るように時間の配分をしてください。前にも書きましたが、それぞれの部門で5点以上取ることが、合格の最低条件ですので、読解に時間をかけすぎ、作文が全くできなかったということにならないようにしましょう。

口頭試験は筆記試験と同日に行われるようになっています。筆記試験終了後、休憩をはさんで、口頭試験（試験官2人）になるでしょう。A1レベルでは準備時間が10分あり、口頭試験の時間は5分から7分です。試験内容は、試験官の質問に答える、情報を交換する、状況設定で会話を展開するという3つからなります。

DELF A1レベルのそれぞれの項目（聴解、読解、文書作成、口頭表現）の試験についての情報はこの問題集の各項目にくわしく述べていますので、それに従い学習をしてください。A1、A2、B1、B2も試験の流れは同じなので、まずA1の受験を経験するのはよいことだと思います。

■その他

DELF/DALF、TCFについては日本フランス語試験管理センターのホームページを、仏検については実用フランス語能力技能検定試験のホームページを参照してください。

・日本フランス語試験管理センターHP　http://www.delfdalf.jp/
・実用フランス語能力技能検定試験HP　http://apefdapf.org

国内試験センター

札幌アリアンス・フランセーズ
〒060-0062　札幌市中央区南2条西5丁目10-2南2西5ビル2階
Tel：011-261-2771　Fax：011-261-1507
E-mail：bureau@afsapporo.jp　HP：www.afsapporo.jp

仙台日仏協会・アリアンス・フランセーズ
〒980-0804　仙台市青葉区大町1丁目2-23桜大町ビル303号
Tel：022-225-1475
E-mail：contact@afsendai.com　HP：http://afsendai.com/

東京日仏学院
〒162-8415　東京都新宿区市谷船河原町15
Tel：03-5206-2500　Fax：03-5206-2501
E-mail：examens@institutfrancais.jp　HP：www.institutfrancais.jp/tokyo

横浜日仏学院
〒231-0015　横浜市中区尾上町5-76明治屋尾上町ビル7階
Tel：045-201-1514　Fax：045-201-7660
E-mail：yokohama@institutfrancais.jp　HP：www.institutfrancais.jp/yokohama

アリアンス・フランセーズ愛知 フランス協会
〒464-0819　名古屋市千種区四ツ谷通り2-13 ルーツストーンファーストビル3階
Tel：052-781-2822　Fax：052-782-4971
E-mail：afnagoya@afafa.jp　HP：www.afafa.jp

関西日仏学館（京都）
〒606-8301　京都市左京区吉田泉殿町8
Tel：075-761-2105　Fax：075-761-2106
E-mail：kansai.kyoto@institutfrancais.jp　HP：www.institutfrancais.jp/kansai

関西日仏学館（大阪）
〒530-0041　大阪市北区天神橋2-2-11阪急産業南森町ビル9階
Tel：06-6358-7391　Fax：06-6358-7393
E-mail：kansai.osaka@institutfrancais.jp　HP：www.institutfrancais.jp/kansai

アリアンス・フランセーズ徳島
〒770-0852　徳島市徳島町2-59 仁田ビル2階
Tel：088-655-8585
E-mail：aftokushima@hotmail.com　HP：www.aftokushima.com

九州日仏学館
〒810-0041　福岡市中央区大名2-12-6
Tel：092-712-0904　Fax：092-712-0916
E-mail：kyushu@institutfrancais.jp
HP：www.institutfrancais.jp/kyushu

沖縄日仏学館
〒900-0013　沖縄県那覇市牧志1丁目4-43新川ビル2階
Tel：098-975-7501
E-mail：okinawa@institutfrancais.jp

DIPLÔME D'ÉTUDES EN LANGUE FRANÇAISE A1

Partie 1
Compréhension de l'oral
聴解問題

第1部　聴解問題について

聴解問題は4問で、試験時間は全部でだいたい20分程度です。
日常生活によくある状況での、短い録音を聞いて質問に答えます。
配点は100点中の25点です。

---

https://www.trefle.press/a1

DELF A1
COMPRÉHENSION DE L'ORAL

聴解問題のポイント

問題のパターンは年によって少しずつ異なりますが、以下のようなパターンが多いので、それに従って練習をしましょう。

1）録音を聞いて、選択肢から正しい答えを選ぶ問題
2）聞き取った情報を書き入れる問題
3）録音に合う絵を選ぶか、絵に合う対話または文を選ぶ問題
4）対話がされている場所、および何を求めているかを選択肢から選んだり、絵を見ながら答える問題

■聞き取る資料
次のような日常よくある状況のものです。

― 駅やお店でのアナウンス
― 留守電のメッセージ
― 情報問い合わせの際の自動音声
― ラジオの放送、コマーシャルの録音
― 簡単な会話

■聞き取るポイント
― 数字（時間、値段、気温、パーセンテージなど）
― どこで（場所）・誰が・何をするか、何について話しているか

COMPRÉHENSION DE L'ORAL

■問題を解く時の注意点

— 問題はすべてフランス語ですから、まず問題文のフランス語に慣れましょう。最初の例にのみ、日本語訳をつけています。また最初の例では、注意するべきポイントは太字にしています。

— 問題が配られたら、録音が流れる前に、問題の consignes（指示書き）を注意深く読み、問題の内容にさっと目を通してください。録音の内容と聞き取るポイントがわかります。

— わからない単語があっても気にしないで、問題で問われている箇所を聞き取ることに集中しましょう。

— 録音は2回流れます。1回目は確実に聞き取れたところを記入し、2回目の録音で確認、さらに記入を続けます。

— 記入の仕方は、選択肢から正しい答えを選び、□に×印を入れる場合、また数字や短い単語を記入する場合もあります。

■この参考書での聴解問題の練習の仕方

— 問題パターンに慣れる練習

— 聞き取るポイントをつかむ練習（何が、いつ、どこで）

— リエゾン・アンシェヌマンに慣れる練習

　　→22〜23ページ参照

— 数字の聞き取り練習

　　→24ページ参照

聞き取りと問題に慣れるために、それぞれの状況設定と問題パターンについて、練習をしていきます。

15

DELF A1
COMPRÉHENSION DE L'ORAL

Exemple 1　録音を聞いて、選択肢から正しい答を選ぶ問題
　　　　　　　数字を聞き取り、書き入れる問題

　よく出題される、**駅でのアナウンスを聞き取る**問題で練習します。
　まず、問題文と質問項目に目を通しましょう。ある程度、聞き取るポイント
が予測できます。

*Vous allez entendre **2 fois** un document. Vous avez **30 secondes** de pause entre les 2 écoutes puis **30 secondes** pour vérifier vos réponses. Lisez d'abord les questions.*
　*2回*同じ録音を聞きます。2回の録音の間に*30秒*あり、2回聞いてから、答えを確認するために、さらに*30秒*あります。まず問題を読みなさい。*

Vous allez à Marseille en train. Répondez aux questions.　　　　4 points
　あなたはマルセイユに列車で行きます。質問に答えましょう。*

1　1．Le train part du quai :　　　　　*列車がでるのは何番ホームから**

(2 points)

　　　　□ numéro 　9
　　　　□ numéro 12
　　　　□ numéro 14

　2．À quelle heure part le train ?　　*列車は何時に出るか？**　　(2 points)

　　　　□ à 8 h 20
　　　　□ à 8 h 25
　　　　□ à 18 h 25

＊実際の試験では日本語はつきません。
＊音声は、指示文通りに録音されています。

16

COMPRÉHENSION DE L'ORAL

TRANSCRIPTIONS & CORRIGÉS　解答と解説

録音されているフランス語文と日本語訳

1

Le prochain train pour Marseille part à 8 h 25, du quai 12.

マルセイユ行きの次の列車は8時25分に12番ホームから出ます。

1．問題1は「列車がでるのは何番ホームから」かを聞き取る問題ですので、
答えは□ numéro 12 です。□に×印を入れます。

2．「列車は何時に出るか？」の答えは□ à 8 h 25 です。□に×印を入れます。

ホームは quai または voie という言い方もあります。

　答えを上の例のように、選択肢から選ぶ場合と、聞き取った数字を自分で書
く場合もあるので数字の聞き取りは練習しておきましょう。
　また、フランスの大きな町の名前とその場所に関心のある人は21ページを
みて確認してください。

17

COMPRÉHENSION DE L'ORAL

同じタイプの問題（駅でのアナウンス）で、数字の聞き取りの練習をしましょう。以下、練習には日本語訳はありません。

■ Exercice 1— (1)

Vous allez entendre 2 fois un document. Vous avez 30 secondes de pause entre les 2 écoutes puis 30 secondes pour vérifier vos réponses. Lisez d'abord les questions.

Vous allez à La Rochelle en TGV. Répondez aux questions.　　　4 points

🎧 2　　1 . Le train part du quai :　　　　　　　　　　　　　　(2 points)

　　　　　　☐ numéro　9
　　　　　　☐ numéro 12
　　　　　　☐ numéro 14

　　　　2 . À quelle heure part le train ?　　　　　　　　　　(2 points)

　　　　　　☐ à 11 h 16
　　　　　　☐ à 12 h 20
　　　　　　☐ à 14 h 15

■ Exercice 1— (2)

Vous allez à Quimper en train. Répondez aux questions.　　　4 points

🎧 3　　1 . Le train part du quai :　　　　　　　　　　　　　　(2 points)

　　　　　　☐ numéro　6
　　　　　　☐ numéro 12
　　　　　　☐ numéro 15

COMPRÉHENSION DE L'ORAL

2. À quelle heure part le train ? (2 points)

☐ A ☐ B ☐ C

■ Exercice 1— (3)

Vous allez à Strasbourg en train. Répondez aux questions. 4 points

1. Le train part du quai : (2 points)

   ☐ numéro 5
   ☐ numéro 7
   ☐ numéro 14

2. À quelle heure part le train ? (2 points)

   À _____ heures _____

COMPRÉHENSION DE L'ORAL

> TRANSCRIPTIONS & CORRIGÉS　解答と解説

■ Exercice 1―(1)

録音されているフランス語文と日本語訳

🎧 2

> Le train T.G.V. n° 3555 à destination de La Rochelle partira à 14 h 15, quai numéro 9.

ラ・ロシェル行き TGV 3555号は14時15分に9番線から出発します。

1．numéro 9 の □ に×印を入れます。
2．à 14 h 15 の □ に×印を入れます。

＊T.G.V. は Train à Grande Vitesse の頭文字を取っています。予約をしてから乗車します。

■ Exercice 1―(2)

録音されているフランス語文と日本語訳

🎧 3

> Le train TER n° 2143, à destination de Quimper partira à 13 h 25 du quai 12.

カンペール行き TER 列車2143号は13時25分に12番線から出発します。

1．□ numéro 12 に×印を入れます。
2．C の時計の図を選び、□に×印を入れます。

＊TER は Transport Express Régional の頭文字を取ったもので、地方急行列車の意味です。

❗ この種の問題では、知らない単語が出てきても気にせずに、数字の聞き取りに集中しましょう。

COMPRÉHENSION DE L'ORAL

■ Exercice 1—(3)
録音されているフランス語文と日本語訳

🔘 4

> Le train TGV n⁰ 2512 à destination de Strasbourg partira à 18 h 45, quai numéro 5.

ストラスブール行き TGV 2512号は18時45分に5番線から出発します。

1. □ numéro 5 に×印を入れます。
2. 18 heures 45 と記入します。

■ TGV 路線図（参考）

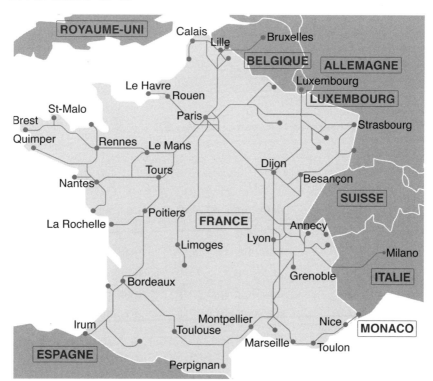

21

DELF A1
COMPRÉHENSION DE L'ORAL

• 数字の聞き取りに強くなろう •

DELF A1の問題には数字の聞き取りが多くありますので、数字の復習をしておくことが必要です。数字を正確に聞き取るには、**リエゾン**と**アンシェヌマン**という現象に慣れておくことが大切です。

　リエゾンとは単独では発音されない語末の子音字が、次にくる語頭の母音と一緒になって発音される現象です。

　アンシェヌマンは本来発音されている子音が次の語頭の母音と一緒になって発音されることです。

　リエゾンは⌣、**アンシェヌマン**は⌢で示します。

（例）　リエゾン　　　　　　un‿ami　　　　dix‿ans
　　　　アンシェヌマン　　quatre⌢ans　　sept⌢ans

> リエゾン・アンシェヌマンの練習

数字に an（年）、heure（時間）、euro（ユーロ）をつけて発音してみましょう。

◎ 5 〜 an（男性名詞）

un‿an	1 年（歳）	deux‿ans	2 年	trois‿ans	3 年
quatre⌢ans	4 年	cinq‿ans	5 年	six‿ans	6 年
sept⌢ans	7 年	huit⌢ans	8 年	neuf‿ans	9 年
dix‿ans	10年	onze‿ans	11年	douze⌢ans	12年
treize⌢ans	13年	quatorze⌢ans	14年	quinze⌢ans	15年
seize⌢ans	16年	dix-sept⌢ans	17年	dix-huit⌢ans	18年
dix-neuf‿ans	19年	vingt‿ans	20年		

COMPRÉHENSION DE L'ORAL

以下より「‿」、「⌒」の表記はありませんが、リエゾン、アンシェヌマンに気をつけて発音してみましょう。

6 〜 heure （女性名詞）

une heure	1時	deux heures	2時	trois heures	3時
quatre heures	4時	cinq heures	5時	six heures	6時
sept heures	7時	huit heures	8時	neuf heures	9時
dix heures	10時	onze heures	11時	douze heures	12時
treize heures	13時	quatorze heures	14時	quinze heures	15時
seize heures	16時	dix-sept heures	17時	dix-huit heures	18時
dix-neuf heures	19時	vingt heures	20時	vingt et une heures	21時
vingt-deux heures	22時	vingt-trois heures	23時	vingt-quatre heures	24時

7 〜 euro （男性名詞）

un euro	1 €	deux euros	2 €	trois euros	3 €
quatre euros	4 €	cinq euros	5 €	six euros	6 €
sept euros	7 €	huit euros	8 €	neuf euros	9 €
dix euros	10€	onze euros	11€	douze euros	12€
treize euros	13€	quatorze euros	14€	quinze euros	15€
seize euros	16€	dix-sept euros	17€	dix-huit euros	18€
dix-neuf euros	19€	vingt euros	20€		
trente euros	30€	quarante euros	40€	cinquante euros	50€
soixante euros	60€	soixante-dix euros	70€	quatre-vingts euros	80€
quatre-vingt-dix euros	90€	cent euros	100€		
deux cents euros	200€				

23

DELF A1
COMPRÉHENSION DE L'ORAL

> 数字の聞き取り練習

◎ 8 練習1

録音を聞いて、数字を書き入れましょう。

a. Il est (　　) heures (　　).　　　　b. Il est (　　) heures (　　).

c. Il est (　　) heures (　　).　　　　d. Il est (　　) heures (　　).

e. Il est (　　) heures (　　).　　　　f. J'ai (　　) ans.

g. Tu as (　　) ans ?　　　　　　　　h. Il a (　　) ans.

i. Vous avez (　　) ans ?　　　　　　j. Ils ont (　　) ans.

k. Cela coûte (　　) euros.　　　　　l. Cela coûte (　　) euros.

m.Ce chapeau coûte (　　) euros.　　n. Le billet d'avion coûte (　　) euros.

o. Le loyer coûte (　　) euros par mois.

◎ 9 練習2

次の電話番号の欠けているところを記入しましょう。

p. 01 42 88 (　　) 45　　　　　　　q. 02 33 09 (　　) 24

r. 03 22 14 (　　) (　　)　　　　　s. 04 63 03 (　　) (　　)

t. 05 44 86 (　　) (　　)　　　　　u. 06 36 (　　) 31 (　　)

v. 08 29 (　　) 15 (　　)　　　　　w. 09 48 (　　) 22 (　　)

◎ 9 練習3

練習 2 の電話番号を全部書き取る練習をしましょう。

p. (　　) (　　) (　　) (　　) (　　)　q. (　　) (　　) (　　) (　　) (　　)

r. (　　) (　　) (　　) (　　) (　　)　s. (　　) (　　) (　　) (　　) (　　)

t. (　　) (　　) (　　) (　　) (　　)　u. (　　) (　　) (　　) (　　) (　　)

v. (　　) (　　) (　　) (　　) (　　)　w. (　　) (　　) (　　) (　　) (　　)

解答 練習1 a. (3) (17) b. (12) (15) c. (22) (55) d. (21) (5) e.(23) (35) f. (19) g. (17)
h. (25) i. (72) j. (85) k. (23) l. (120) m. (238) n. (105) o. (1030)

COMPRÉHENSION DE L'ORAL

Exemple 2   répondeur（留守電）**のメッセージを聞き、質問に答える問題**

*Vous allez entendre 2 fois un document. Il y aura 30 secondes de pause entre les 2
écoutes puis vous aurez 30 secondes pour vérifier vos réponses. Lisez les questions.*

Vous entendez ce message sur votre répondeur. Répondez aux questions.

5 points

🔘 10   1 .   Demain, c'est :   (1 point)

   ☐ jeudi
   ☐ lundi
   ☐ mardi

  2 .   À qui Philippe parle-t-il ?   (1 point)

   ☐ à Louise
   ☐ à Nathalie
   ☐ à Sophie

  3 .   Philippe propose :   (1 point)

   ☐ d'aller au cinéma
   ☐ d'aller au cours
   ☐ d'aller au restaurant

  4 .   À quelle heure est le rendez-vous ?   (2 points)

   ☐ à 15 h 30
   ☐ à 16 h 30
   ☐ à 16 h 35

解答 練習2 p. (16) q. (28) r. (15) (56) s. (13) (64) t. (66) (47) u. (76) (94) v. (44) (12)
w. (18) (89)

DELF A1
COMPRÉHENSION DE L'ORAL

> **TRANSCRIPTIONS & CORRIGÉS 解答と解説**

　聞き取るポイントが増えていますが、まず問題を読んで、聞き取るポイント
をつかみ、必要な情報を聞き取るようにしましょう。

　録音されているフランス語文と日本語訳

🔟 10

> Bonjour, Nathalie. C'est Philippe. Demain, c'est lundi, mais
> nous n'avons pas de cours. Je vais voir le film « Les Visiteurs »
> avec Sophie. Si tu veux venir avec nous, téléphone-moi ce soir.
> Le rendez-vous sera devant le cinéma Gaumont à 16 h 30.

　こんにちは、ナタリー。フィリップです。明日は月曜日だけどぼく達は授
業がありません。ぼくはソフィと映画『訪問者』を見に行きます。もしぼ
く達と一緒に来たいなら、今晩電話してください。待ち合わせはゴーモン
映画館の前で16時30分です。

1.「明日の曜日」を聞き取る問題です。答えは☒ lundi

2.「フィリップは誰に話しているか」なので、答えは☒ à Nathalie

3.「フィリップは何を提案しているか」は☒ d'aller au cinéma
　（proposer de + *inf.* ～することを提案する）

4.「約束の時間」は☒ à 16 h 30

COMPRÉHENSION DE L'ORAL

例に従い、留守電の message（メッセージ）を聞き取る練習をしましょう。

■ Exercice 2— (1)

Vous habitez à Paris. Un ami a laissé ce message sur votre répondeur.
Répondez aux questions.　　　　　　　　　　　　**5 points**

🔘 11　　1.　Marc arrive quel jour ?　　　　　　　　　　　**(1 point)**

　　　　　　_____

　　　　2.　Marc arrive à quelle heure ?　　　　　　　　　**(1 point)**

　　　　　　À _____

　　　　3.　Marc arrive à quelle gare ?　　　　　　　　　**(1 point)**

　　　　　　☐ Gare de l'Est
　　　　　　☐ Gare du Nord
　　　　　　☐ Gare Montparnasse

　　　　4.　Complétez le numéro de téléphone de Marc.　　**(2 points)**

　　　　　　06 ___ 34 ___ 66

27

COMPRÉHENSION DE L'ORAL

■ Exercice 2— (2)

Vous entendez ce message sur votre répondeur. Répondez aux questions.

6 points

◎ 12   1. À qui parle Marie ?   (1 point)

☐ à Jean
☐ à Jeanne
☐ à Julien

2. Qu'est-ce qu'il y a mardi soir ?   (1 point)

☐ Il y a un concert.
☐ Il y a un dîner.
☐ Il y a une fête.

3. Quel est le prix ?   (1 point)

_____ yens

4. Complétez le numéro de téléphone de Marie.   (3 points)

06   22 ___ ___ ___

COMPRÉHENSION DE L'ORAL

TRANSCRIPTIONS & CORRIGÉS 解答と解説

■ Exercice 2― (1)

録音されているフランス語文と日本語訳

11

Bonjour, Marie, c'est Marc. J'arrive samedi à 17 heures 20, à la gare Montparnasse. Est-ce que tu peux venir me chercher ? C'est le TGV 2014, voiture 16. Téléphone-moi ce soir au 06 13 34 57 66. Merci.

こんにちは、マリー、マルクです。私は土曜日、17時20分にモンパルナス駅に着きます。私を迎えにきてくれますか。TGV2014で16号車です。今晩 06 13 34 57 66に電話してください。ありがとう。

1．Quel jour とは曜日を聞いています。マルクの着く曜日は samedi です。
曜日は書けるようにしておきましょう。

2．「マルクは何時に着きますか」という問題です。
到着時間は17時20分ですから **17 heures 20** と書きます。

3．「マルクはどの駅に着きますか」なので、☒ Gare Montparnasse です。
*パリにはこのほかに Gare de Lyon, Gare d'Austerlitz, Gare Saint-Lazare
と 6 つ国鉄の駅があります。

4．「フィリップの電話番号の抜けている数字を書きなさい」という問題です。
Compléter は補って完成させるという意味です。抜けている数字は 13、
57 です。06 <u>13</u> 34 <u>57</u> 66

29

COMPRÉHENSION DE L'ORAL

■ **Exercice 2― (2)**

録音されているフランス語文と日本語訳

🔘 12

> Bonsoir, Jean. C'est Marie. Je te téléphone pour te dire qu'il y a un concert au temple chinois de mon quartier mercredi soir à 19 heures. Le prix est de 3500 yens avec du thé et un petit repas. Si tu es libre, j'aimerais y aller avec toi.
>
> Téléphone-moi dès que possible au 06 22 35 14 60.

　今晩はジャン。マリーです。水曜日の夕方19時に私の地区の中国寺でコンサートがあるので電話しています。費用は3500円でお茶とちょっとした食事がついています。もしあなたが暇なら、一緒に行きたいと思います。出来るだけ早く06 22 35 14 60に電話してください。

1．「マリーは誰に電話しているか」は☒à Jean です。

2．「水曜日の夜に何がありますか」の答えは☒Il y a un concert. です。

3．「値段はいくらか」なので、3500 yens と記入します。

4．「マリーの電話番号の抜けているところを記入しましょう」なので、35、14、60 を記入します。　06 22 <u>35</u> <u>14</u> <u>60</u>

COMPRÉHENSION DE L'ORAL

Exemple 3 店内でのアナウンス、ラジオの天気予報やアナウンスから、数字、物、目的などを聞き取る問題

Vous allez entendre 2 fois un document. Il y aura 30 secondes de pause entre les 2 écoutes puis vous aurez 30 secondes pour vérifier vos réponses. Lisez d'abord les questions.

Vous êtes dans un magasin. Vous entendez le message suivant. Répondez aux questions.
　　　　　　　　　　　　　　　　　　　　　　　　　6 points
　　　　　　　　　　　　　　　　　　　　　　　2 points par réponse

🎧 13　　1． La réduction est de :

　　　　　　☐ 10%
　　　　　　☐ 20%
　　　　　　☐ 25%

2． La réduction porte sur :

☐ A

☐ B

☐ C

3． Quand se termine l'offre exceptionnelle ?

　　　　le _____ mars

COMPRÉHENSION DE L'ORAL

TRANSCRIPTIONS & CORRIGÉS　解答と解説

録音されているフランス語文と日本語訳

🔊 13

> Profitez de notre offre exceptionnelle : du 14 au 16 mars. 25% de réduction sur les vêtements de femme au 5ème étage.

3月14日から16日までの特別セールをご利用ください。6階の女性用衣類が25％の割引になっています。

　profiter de（～を利用する）、offre（提供、提供価格）、réduction（割引）など少し難しい単語はありますが、聞き取る部分はそんなに難しくはありません。落ち着いて数字を聞き取りましょう。

1. La réduction（割引率）は☒25% です。

2. 「割引される」のは les vêtements de femme（女性用衣類）
   なので、答えは☒C です。

3. 「特別セールが終わる」のは3月16日ですので、**16** と記入します。日付を書く欄には大抵の場合、le が書かれています。

＊フランス語では、1階を rez-de-chaussée、2階を premier étage、3階を deuxième étage と表します。

COMPRÉHENSION DE L'ORAL

店内でのアナウンスを聞いて、内容を聞き取る練習をしましょう。

■ Exercice 3—（1）

Vous êtes dans un magasin. Vous entendez le message suivant. Répondez aux questions.
　　　　　　　　　　　　　　　　　　　　　　　　6 points
　　　　　　　　　　　　　　　　　　　　　　　　2 points par réponse

🎧 14　　1． La réduction est de :
　　　　　　□ 20%
　　　　　　□ 35%
　　　　　　□ 40%

　　　2． La réduction porte sur :

　　　　　　□ A　　　　　　□ B　　　　　　□ C

　　　3． À quelle heure commence l'offre exceptionnelle ?

　　　　　　□ A　　　　　　□ B　　　　　　□ C

COMPRÉHENSION DE L'ORAL

■ Exercice 3— (2)

**Vous êtes dans un magasin. Vous entendez le message suivant.
Répondez aux questions.**   6 points
                                                 2 points par réponse

🔘 15   1.   C'est une publicité pour :

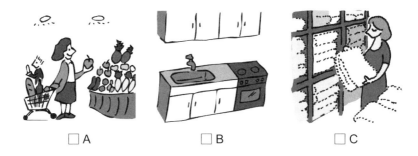

☐ A   ☐ B   ☐ C

2.   La réduction est :

☐ de 15% à 20%
☐ de 20% à 30%
☐ de 25% à 35%

3.   Quand se termine l'offre exceptionnelle ?

le _____ janvier

COMPRÉHENSION DE L'ORAL

ラジオの la météo（天気予報）を聞いて問題に答える練習をしましょう。

■ Exercice 3 ― (3)

Vous entendez cette information à la radio. Répondez aux questions.

6 points

2 points par réponse

🎧 16 1. Quel temps annonce-t-on pour ce week-end à Paris ?

☐ Du beau temps
☐ De la neige
☐ De la pluie

2. Les températures seront comprises entre ____ et ____ degrés à Paris.

3. Samedi, à Paris, vous avez besoin de :

A ☐

B ☐

C ☐

COMPRÉHENSION DE L'ORAL

TRANSCRIPTIONS & CORRIGÉS　解答と解説

■ Exercice 3—(1)

録音されているフランス語文と日本語文

🎧 14

> Offre exceptionnelle pendant une heure : moins 40% à partir de 16 heures, au deuxième étage, au rayon spécial des vêtements d'enfant. Profitez-en.

　1時間の特別セールのご案内です。3階子供服特設売り場で16時から40％の割引をします。ご利用ください。

1．割引は☒40% です。

2．割引の商品は des vêtements d'enfant（子供服）なので、答えは☒C です。

3．割引の始まる時間は 16 heures なので、答えは☒C です。

■ Exercice 3—(2)

録音されているフランス語文と日本語文

🎧 15

> Profitez de cette offre exceptionnelle : du 13 au 20 janvier : de 25% à 35% de réduction sur tout le linge de maison.

　1月13日から20日まで、家庭用布類のすべての商品が25％から35％の割引セールです。ご利用ください。

1．C'est une publicité pour（〜のための宣伝）
　　何の宣伝かは linge de maison（家庭用布類）なので、答えは☒C です。

2．la réduction（割引率）は、☒de 25% à 35% です。

3．Quand se termine l'offre exceptionnelle ?「いつ特別セールは終わりますか？」
　　セールの終りは1月20日なので 20 と記入します。

COMPRÉHENSION DE L'ORAL

■ **Exercice 3 — (3)**

録音されているフランス語文と日本語文

🔊 16

> Pour ce week-end, il va faire beau sur toute la France. Samedi, des
> températures de 20 à 25 degrés sont attendues à Paris. Attention au soleil !
> Dimanche, les nuages arriveront par l'ouest. Ils apporteront des pluies sur
> la Bretagne dimanche soir.

今週末はフランス全土でよいお天気でしょう。土曜日はパリでは気温は20度から
25度になります。日光には気をつけましょう。日曜日、西から曇りになります。日
曜日の夕方にはブルターニュ地方は雨になるでしょう。

1．「パリの今週末の天気予報」はよいお天気ですので、答えは☒ Du beau
temps です。

2．「パリの températures（気温）は20度から25度になる」ということですの
で、**20** と **25** を空欄に記入します。

3．「土曜日、パリで何か必要か」という質問で必要な物の絵を選びます。雨傘、
毛皮のコートは必要ないので、答えは☒**A** のサングラスです。

絵を用いたこのような問題にも慣れましょう。
週と月は書けるようにしておきましょう。（38ページ参照）

37

DELF A1

COMPRÉHENSION DE L'ORAL

語彙のチェック

17 Magasin・Shopping　お店・買い物

- [ ] magasin(m) — 店
- [ ] boutique(f) — 小売店
- [ ] parfumerie(f) — 香水店
- [ ] droguerie(f) — 日用雑貨店
- [ ] supermarché(m) — スーパー
- [ ] réduction(f) — 割引
- [ ] produits(m) en promotion — セール品
- [ ] rayon(m) chaussures — 靴売場
- [ ] rayon jouets — おもちゃ売場
- [ ] grand magasin — デパート
- [ ] pharmacie(f) — 薬局
- [ ] bijouterie(f) — 宝石店
- [ ] librairie(f) — 本屋
- [ ] grande surface(f) — 大型スーパー
- [ ] remise(f) — 値引き
- [ ] rayon lingerie — 下着売場
- [ ] rayon vêtements — 服売場

18 Saison・Temps　季節・天候

- [ ] au printemps — 春に
- [ ] en automne — 秋に
- [ ] Il fait mauvais(beau). — 天気が悪い（良い）
- [ ] Il fait chaud et humide. — 暑くて湿気がある
- [ ] Il pleut. — 雨が降っている
- [ ] Il gèle. — 凍てついている
- [ ] Il y a du brouillard. — 霧がかかっている
- [ ] en été — 夏に
- [ ] en hiver — 冬に
- [ ] Il neige. — 雪が降っている
- [ ] Il y a des nuages. — 曇っている
- [ ] Il y a du vent. — 風がある

19 Semaine　週　(すべて男性名詞)

- [ ] lundi — 月
- [ ] mardi — 火
- [ ] mercredi — 水
- [ ] jeudi — 木
- [ ] vendredi — 金
- [ ] samedi — 土
- [ ] dimanche — 日

20 Mois　月　(すべて男性名詞)

- [ ] janvier — 1月
- [ ] février — 2月
- [ ] mars — 3月
- [ ] avril — 4月
- [ ] mai — 5月
- [ ] juin — 6月
- [ ] juillet — 7月
- [ ] août — 8月
- [ ] septembre — 9月
- [ ] octobre — 10月
- [ ] novembre — 11月
- [ ] décembre — 12月

(f) 女性名詞　(m) 男性名詞

COMPRÉHENSION DE L'ORAL

Exemple 4 対話の場所や対話のテーマを聞き取る問題

■ **Exemple 4（A）** 対話に合う絵を選ぶ問題で、練習しましょう。
フランス語の問題指示文の例

Vous allez entendre 5 petits dialogues correspondant à 5 situations différentes. Il y aura 15 secondes de pause après chaque dialogue. Puis vous entendrez à nouveau les dialogues et pourrez compléter vos réponses. Regardez d'abord les images. Attention : il y a 6 images mais seulement 5 dialogues.

　5つの異なった状況での短い対話を5つ聞きます。各対話の後に15秒のポーズがあります。その後、もう一度対話が流れますので、答えを記入します。まず絵を見てください。注意：絵が6枚ありますが、対話は5つです。

10 points
2 points par réponse

Image A

Situation n⁰ _____

Image B

Situation n⁰ _____

Image C

Situation n⁰ _____

Image D

Situation n⁰ _____

Image E

Situation n⁰ _____

Image F

Situation n⁰ _____

COMPRÉHENSION DE L'ORAL

TRANSCRIPTIONS & CORRIGÉS 解答と解説

■ Exemple 4 (A)
◉ 21 解答

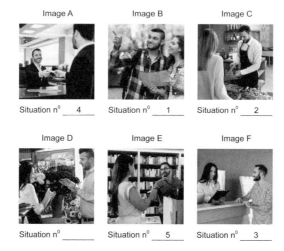

Situation n° 1   解答 Image B

録音されている対話と日本語訳

> — Vous cherchez quelque chose ?
> — Oui, monsieur. Je cherche l'hôtel Concorde.
> — Ce n'est pas loin. Allez tout droit jusqu'au feu rouge et tournez à gauche.
> — Combien de minutes à pied ?
> — Environ dix minutes.

何かお探しですか？／はい、コンコルドホテルを探しています。／ここから遠くありません。あの赤信号までまっすぐ行って、左に曲がってください。／徒歩で何分ぐらいですか？／だいたい10分です。

COMPRÉHENSION DE L'ORAL

Situation n° 2　　解答 Image C

録音されている対話と日本語訳

> — Bonjour, madame.
> — Je voudrais des croissants.
> — Vous en voulez combien ?
> — J'en prends six et je voudrais aussi une demi-baguette.
> — Voilà

こんにちは。／クロワッサンをください。／いくつ欲しいですか？／クロワッサン
を6つと、バゲット半分ください。／どうぞ。

des croissants（クロワッサン）、une demi-baguette（バゲット半分）などの単
語からパン屋さんが選べるでしょう。

Situation n° 3　　解答 Image F

録音されている対話と日本語訳

> — Bonjour, madame. Est-ce que vous pouvez me prendre tout de suite ?
> — Voyons. Qu'est-ce que vous voulez ?
> — Je voudrais une coupe.
> — D'accord. On s'occupe de vous dans dix minutes.

こんにちは。すぐに受け付けてもらえますか？／お待ちください。どうされますか？
／カットをお願いします。／わかりました。10分後にご案内しますね。

une coupe　（カット）がわかれば美容室での対話とわかるでしょう。

41

DELF A1
COMPRÉHENSION DE L'ORAL

Situation n⁰ 4   解答 Image A

録音されている対話と日本語訳

> — Bonjour, monsieur. J'ai réservé une chambre à un lit pour ce soir.
>   Je m'appelle Kawano.
> — Voyons. Oui, il y a une réservation. Votre chambre est au premier étage.
>   Voici la clé.
> — Où est l'ascenseur ?
> — Là-bas, à gauche.

こんにちは。今晩1部屋予約したものですが。川野と言います。／お待ちください、はい、確かに予約入っております。／部屋は2階になります。こちらが鍵です。／エレベーターはどこですか？／あちら、左側になります。

J'ai réservé une chambre à un lit pour ce soir.「今晩用にシングル1部屋予約しました。」からホテルのフロントでの会話とわかるでしょう。

その他の語彙：la clé（キー）、l'ascenseur（エレベーター）、une réservation（予約）

Situation n⁰ 5   解答 Image E

録音されている対話と日本語訳

> — Bonjour, madame. Est-ce que je peux vous aider ?
> — Je cherche un livre sur le Japon. C'est pour offrir.
> — Vous trouverez des livres sur le Japon au fond du magasin.
> — Merci, monsieur.

こんにちは。おうかがいしますか？／日本に関する本を探しています。プレゼント用です。／日本に関する本は、お店の奥にあります。／ありがとうございました。

des livres sur le Japon が聞き取れれば、書店での対話とわかります。

その他の語彙：offrir（贈る）

COMPRÉHENSION DE L'ORAL

■ Exemple 4（B）

異なった状況での短い対話をいくつか聞くのは前の例と同じですが、絵なし
で、その対話が Où est-ce ？「どこでなされているのか」、または、Qu'est-ce
qu'on demande ？「対話のテーマは何か」を聞き取る問題の練習をしましょう。

フランス語の問題指示文の例

*Vous allez entendre plusieurs petits dialogues correspondant à des situations
différentes. Vous aurez 15 secondes de pause après chaque dialogue. Puis vous
entendrez à nouveau les dialogues et vous pourrez compléter vos réponses. Lisez
d'abord les questions.*

　異なった状況での短い対話をいくつか聞いてください。それぞれの対話の後
に15秒あります。もう一度対話の録音が流れますので、答えを記入してくだ
さい。まず質問文を読んでください。

**Associez chaque situation à un dialogue. Pour chaque situation, mettez une
croix pour indiquer « Où est-ce ? » ou « Qu'est-ce qu'on demande ? ».**

　録音を聞いて、それぞれ「どこでの対話か」「何をたずねているのか」の質問に応
じて、答えを選択肢から選んで×印を入れなさい。

15 points

2 points par réponse

🎧 22　Situation n° 1　Où est-ce ?

☐ À la gare

☐ Au supermarché

☐ Dans un magasin

☐ Dans un restaurant

43

COMPRÉHENSION DE L'ORAL

Situation n⁰ 2   Qu'est-ce qu'on demande ?

- ☐ Un billet
- ☐ Un livre
- ☐ Un numéro de téléphone
- ☐ Un rendez-vous

Situation n⁰ 3   Où est-ce ?

- ☐ À l'école
- ☐ Chez un docteur
- ☐ Dans la rue
- ☐ Dans un musée

Situation n⁰ 4   Qu'est-ce qu'on demande ?

- ☐ L'arrêt de bus
- ☐ La station de métro
- ☐ L'arrêt de taxi
- ☐ Le grand magasin

Situation n⁰ 5   Où est-ce ?

- ☐ À la maison
- ☐ Chez le boulanger
- ☐ Dans la classe
- ☐ Dans le jardin

COMPRÉHENSION DE L'ORAL

TRANSCRIPTIONS & CORRIGÉS　解答と解説

🎧 22　■ **Exemple 4（B）**

Situation n⁰ 1　Où est-ce ?　「どこでの対話か」　**解答** ☒ À la gare
録音されている対話と日本語訳

> — Je voudrais aller à Nantes en T.G.V.
> — Le prochain train est à 11 heures.
> — Bien. Pouvez-vous me réserver une place côté fenêtre ?

TGV でナントに行きたいのですが。／次の列車は11時発です。／いいです。窓側の席を取ってもらえますか。

　駅での対話ですから、À la gare（駅で）の□に×印を入れます。
　その他の選択肢：Au supermarché（スーパーで）、Dans un magasin（お店で）、Dans un restaurant（レストランで）

Situation n⁰ 2　Qu'est-ce qu'on demande ?　「何を求めているか」
　　　　　　　　　　解答 ☒ Un rendez-vous
録音されている対話と日本語訳

> — Allô, c'est la clinique Mirabeau.
> — Bonjour, madame. Je voudrais avoir un rendez-vous avec le docteur Melin.
> — Qu'est-ce que vous avez ?
> — C'est pour ma fille. Elle a de la fièvre.

もしもし、ミラボークリニックです。／こんにちは、ムラン医師と予約をお願いしたいのですが。／どうされました？／私の娘なんです。熱があるんです。

45

DELF A1
COMPRÉHENSION DE L'ORAL

　電話で医者に見てもらうため、予約をするための電話での対話ですので、un rendez-vous を選びます。

　その他の選択肢：un billet（切符）、un livre（本）、un numéro de téléphone（電話番号）

Situation n⁰ 3　Où est-ce ?　**解答** ☒ Dans la rue
録音されている対話と日本語訳

> — Pardon, monsieur l'agent. Je cherche la librairie Richard.
> — Allez tout droit jusqu'au feu rouge et tournez à droite.

すみません、お巡りさん。リシャール書店を探しているのですが。／ここをまっすぐあの赤信号のところまで行って、そこを右です。

　お巡りさんに本屋への道順を聞いています。場所は Dans la rue（道で）が適当です。

　その他の選択肢：À l'école（学校で）、Chez un docteur（医者で）、Dans un musée（美術（資料）館で）
＊人の場合の前置詞は chez です。

Situation n⁰ 4　Qu'est-ce qu'on demande ?　**解答** ☒ L'arrêt de bus
録音されている対話と日本語訳

> — Savez-vous où se trouve l'arrêt de bus 92 ?
> — Désolé, moi, j'attends le bus 73.

92番のバスの停留所がどこかわかりますか？／すみません、私は、73番のバスを待っているんです。

COMPRÉHENSION DE L'ORAL

「92番のバス停はどこかご存知ですか。」と聞いているので、答えは l'arrêt de bus（バス停）が適当です。

その他の選択肢：La station de métro（地下鉄の駅）、L'arrêt de taxi（タクシー乗り場）、Le grand magasin（デパート）

Situation n⁰ 5　Où est-ce ?　解答 ☒ À la maison
録音されている対話と日本語訳

> — Je cherche mes lunettes.
> — Tu ne les as pas laissées dans ta chambre ?

眼鏡を探してるんだけど。／寝室に置きっぱなしじゃない？

mes lunettes（自分の眼鏡）を探しています。dans ta chambre（あなたの寝室）ではないかということから à la maison（家で）の会話です。

その他の選択肢：Chez le boulanger（パン屋さんで）、Dans la classe（教室で）、Dans le jardin（庭で）

DELF A1
COMPRÉHENSION DE L'ORAL

絵を選ぶタイプの問題を練習しましょう。

■ Exercice 4—(1)

Vous allez entendre 5 petits dialogues correspondant à 5 situations différentes. Il y aura 15 secondes de pause après chaque dialogue. Puis vous entendrez à nouveau les dialogues et pourrez compléter vos réponses. Regardez d'abord les images.
Attention : il y a 6 images mais seulement 5 dialogues.

10 points
2 points par réponse

Image A

Situation n⁰ _____

Image B

Situation n⁰ _____

Image C

Situation n⁰ _____

Image D

Situation n⁰ _____

Image E

Situation n⁰ _____

Image F

Situation n⁰ _____

COMPRÉHENSION DE L'ORAL

まず Où est-ce ?（対話がされている場所）を聞き取る練習をしましょう。

■ **Exercice 4― (2)**

10 points
2 points par réponse

24 Situation n⁰ 1   Situation n⁰ 2

    ☐ À la boucherie   ☐ À la boulangerie
    ☐ Au marché   ☐ À la piscine
    ☐ Dans un restaurant   ☐ Dans une épicerie
    ☐ Dans un magasin   ☐ Dans un magasin

Situation n⁰ 3   Situation n⁰ 4

    ☐ Dans la cuisine   ☐ À la gare
    ☐ Dans un bureau   ☐ Au lycée
    ☐ Dans un musée   ☐ À la poste
    ☐ Dans un tabac   ☐ Dans une banque

Situation n⁰ 5

    ☐ À la gare
    ☐ À la librairie
    ☐ Dans une banque
    ☐ Dans une boutique

COMPRÉHENSION DE L'ORAL

Qu'est-ce qu'on demande ? を聞き取りましょう。

■ Exercice 4— (3)

10 points
2 points par réponse

25 Situation n⁰ 1   Situation n⁰ 2

☐ un billet   ☐ des biscuits
☐ une date   ☐ des boissons
☐ une réduction   ☐ des médicaments

Situation n⁰ 3

☐ un billet
☐ une date
☐ un tarif

Situation n⁰ 4

☐ une baguette et quatre croissants
☐ une baguette et un chou à la crème
☐ un pain au chocolat et quatre croissants

Situation n° 5

☐ une chambre à deux lits avec douche
☐ une chambre à deux lits avec salle de bains
☐ une chambre simple
☐ une chambre simple avec WC

COMPRÉHENSION DE L'ORAL

TRANSCRIPTIONS & CORRIGÉS 解答と解説

■ Exercice 4—(1)

◉ 23 解答

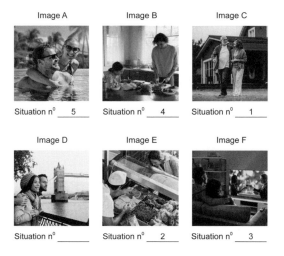

Situation n° 1　解答 Image C

録音されている対話と日本語訳

— Qu'est-ce qu'on fait ce week-end ?
— Si nous allions voir les parents à la campagne ?
— C'est une très bonne idée !

週末何する？／田舎に両親に会いに行くなんてどうだい？／いいじゃない。

51

DELF A1
COMPRÉHENSION DE L'ORAL

Situation n° 2 　解答 Image E
録音されている対話と日本語訳

— Je voudrais une tranche de jambon de Paris.
— Et avec ça ?
— Ce sera tout, merci.

ジャンボン・ド・パリを 1 切れお願いします。／ほかには？／それだけです。ありがとう。

Situation n° 3 　解答 Image F
録音されている対話と日本語訳

— Qu'est-ce qu'il y a d'intéressant au programme de ce soir ?
— Il y a un film français à 20 heures.
— Super !

今夜、何か面白い番組ある？／20時からフランス映画があるよ。／いいね。

Situation n° 4 　解答 Image B
録音されている対話と日本語訳

— Qu'est-ce que tu prépares, maman ?
— Je vais vous faire des crêpes.
— En attendant, je termine mes devoirs.

*何作ってるの、ママ？／クレープを作ってあげてるのよ。／待ってる間に、宿題を終わらせるね。 *このシーンでは、vous は複数形として使われています。（他の家族等が一緒にいる状況）*

Situation n° 5 　解答 Image A
録音されている対話と日本語訳

— Je vais à la piscine cet après-midi et toi ?
— Moi, je reste à la maison, je suis enrhumée.

午後、プールに行くけど、君は？／私、家にいる、風邪引いてるし。

52

COMPRÉHENSION DE L'ORAL

■ Exercice 4— (2) Où est-ce ?

Situation n⁰ 1　解答　⊠ Dans un restaurant

🎧 24　録音されている対話と日本語訳

> — Mesdames, vous avez choisi ?
> — Oui, pour moi le plat du jour, s'il vous plaît.
> — Moi, je prendrai un pot-au-feu.
> — Bien. Et comme boisson ?
> — Une carafe d'eau, s'il vous plaît.

皆さん、選びましたか？／はい。私は本日のランチをお願いします。／私はポトフにします。／かしこまりました。飲み物はいかがですか？／お水をお願いします。

　un plat du jour（その日の定食）、un pot-au-feu（ポトフ）、une boisson（飲み物）などから、レストランでの注文の時の対話だとわかります。

Situation n⁰ 2　解答　⊠ Dans un magasin

録音されている対話と日本語訳

> — Bonjour, madame ?
> — Est-ce que je peux vous aider ?
> — Puis-je essayer cette jupe ?
> — Bien sûr, les cabines d'essayage sont là.

こんにちは。／おうかがいしましょうか？／このスカート試着していいですか？／もちろん、試着室はあちらです。

　essayer cette jupe（このスカートを試着する）や cabine d'essayage（試着室）という単語からお店での対話とわかります。

53

DELF A1
COMPRÉHENSION DE L'ORAL

Situation n⁰ 3　解答　⊠ Dans la cuisine

録音されている対話と日本語訳

> — Alors, nous allons faire des crêpes ensemble.
> — Nous avons des œufs, du sel, du sucre, du lait et de la farine.
> — Il faut aussi du beurre.
> — Oui, je mélange tout dans ce grand bol.
> — Voilà, la pâte est prête.

そうだクレープを一緒に作らない？／卵はあるし、塩と砂糖、牛乳に小麦粉はあるよ。／それにバターも必要ね。／そうだね、全部をこの大きなボールで混ぜるよ。／ほら、クレープの生地ができた。

　一緒にクレープを作る時の対話です。必要な材料の準備をして、la pâte est prête.（生地ができた）と言っていますから、この対話がなされている場所は dans la cuisine（キッチンの中）が最もふさわしい場所です。

Situation n⁰ 4　解答　⊠ À la poste

録音されている対話と日本語訳

> — Bonjour, Nadine. Qu'est-ce que tu fais ici ?
> — Je veux envoyer cette lettre au Japon.
> — Moi, je vais acheter des timbres.
> — Il y a beaucoup de monde, il faut faire la queue.

こんにちは、ナディーヌ。ここで何してるの？／この手紙を日本に送りたいの。／ぼくは切手を買いに来たんだ。／人が多いわね、並ばないと。

　envoyer cette lettre au Japon（日本にこの手紙を送る）、acheter des timbres（切手を買う）などから、À la poste（郵便局で）の会話だとわかります。

54

COMPRÉHENSION DE L'ORAL

Situation n⁰ 5　解答 ⊠ À la gare
録音されている対話と日本語訳

— Je voudrais acheter un billet pour Nantes. Est-ce qu'il y a une réduction
　pour les étudiants ?
— Quel âge avez-vous ?
— J'ai 21 ans.
— Oui, vous pouvez profiter du tarif réduit.
---

*ナント往きの切符を買いたいのですが。学生割引はありますか？／年齢は？／21歳
です。／それなら割引料金で利用できます。*

　un billet pour Nantes（ナント行きの切符）から駅での対話とわかります。
　その他の語彙：réduction（割引）、tarif réduit（割引料金）

■ Exercice 4—（3）Qu'est-ce qu'on demande ?

Situation n⁰ 1　解答 ⊠ un billet
🎧25 録音されている文章と日本語訳

Je voudrais deux billets pour Marseille. Nous avons 60 ans.

マルセイユ行きの切符を2枚お願いします。私たちは60歳です。

　「マルセイユ行きの切符を2枚買いたい」と言っています。billet（切符）が
聞き取れれば問題ないでしょう。60歳と付け加えているのは60歳以上は割引
料金があるからです。
　その他の選択肢：une date（日付）、une réduction（割引）

55

DELF A1
COMPRÉHENSION DE L'ORAL

Situation n^0 2　解答 ⊠ des boissons

録音されている対話と日本語訳

> — Vous prendrez un apéritif ?
> — Oui, je prendrai un Kir.
> — Moi, un jus de fruits, s'il vous plaît.

アペリティフはいかがですか？／はい、キールをください。／私はフルーツジュースをお願いします。

　「un apéritif（食前酒）は飲まれますか」の質問に un Kir（キール）と un jus de fruits（フルーツジュース）と答えていますので答えは des boissons（飲み物）です。

*Kir（キール）は白ワインに黒スグリのリキュールを加えた食前酒

Situation n^0 3　解答 ⊠ une date

録音されている対話と日本語訳

> — Nous voulons aller à Londres par le train.
> — Vous voulez partir quand ?
> — Samedi prochain, le 9 février.

ロンドンに列車で行きたいのですが？／いつ出発ですか？／次の土曜日、2月9日に。

　Vous voulez partir quand ?「いつ出発しますか」と聞いていますので、答えは date（日付）です。
　その他の選択肢：tarif（料金）、billet（切符）

56

COMPRÉHENSION DE L'ORAL

Situation n° 4 　**解答** ☒ une baguette et quatre croissants

録音されている対話と日本語訳

> — Bonjour, madame. Que désirez-vous ?
>
> — Je voudrais une baguette et quatre croissants.

こんにちは。何にしますか？／バゲット1本とクロワッサン4つ。

　その他の選択肢：un chou à la crème（シュークリーム）、un pain au chocolat（パン・オ・ショコラ、チョコ入りパン）

Situation n° 5 　**解答** ☒ une chambre à deux lits avec salle de bains

録音されている対話と日本語訳

> — Bonjour, monsieur.
>
> — Bonjour, madame. Avez-vous une chambre libre pour ce soir ? Je voudrais une chambre à deux lits avec salle de bains.
>
> — Désolée, nous n'avons qu'une chambre simple pour ce soir.

こんにちは。／こんにちは。今夜1室空きありますか？風呂付きでツインの部屋がいいんですが。／すみません、今夜はシングルの部屋しか空きがありません。

　選択肢が4つありますが、落ち着いて問題を読めば、聞き取りは問題ないでしょう。ホテルの部屋のタイプの表現は覚えておきましょう。

　une chambre à deux lits avec douche（シャワー付ツインの部屋）

　une chambre simple（シングルの部屋）

　une chambre simple avec WC（トイレ付シングルの部屋）

　その他、以下のような表現もあります。

　une chambre avec un grand lit（ダブルベッドの部屋）

COMPRÉHENSION DE L'ORAL

聴解模擬テスト問題

Exemple d'épreuve
Compréhension de l'oral

25 points

Pour répondre aux questions, cochez (X) la bonne réponse ou écrivez l'information demandée.

■ Exercice 1

Vous allez entendre 2 fois un document. Vous avez 30 secondes de pause entre les 2 écoutes puis 30 secondes pour vérifier vos réponses. Lisez d'abord les questions.

Répondez aux questions. 4 points

🎧 26

1. Cette annonce concerne le train pour :   (1 point)

   ☐ Lyon
   ☐ Nancy
   ☐ Nantes

2. Sur quel quai est-ce que le train va entrer ?   (1 point)

   Quai _____

3. À quelle heure partira le train ?   (2 points)

   À _____ heures _____

58

COMPRÉHENSION DE L'ORAL

■ Exercice 2

Vous allez entendre 2 fois un document. Vous avez 30 secondes de pause entre les 2 écoutes puis 30 secondes pour vérifier vos réponses. Lisez d'abord les questions.

Vous entendez ce message sur votre répondeur. Répondez aux questions.

5 points

🔘 27

1. Qui laisse ce message à Sylvie. (1 point)

☐ Anne
☐ Cécile
☐ Paul

2. À quelle heure est le rendez-vous au restaurant ? (1 point)

☐ 13:00   ☐ 14:00   ☐ 15:00

3. Qui vient avec Sylvie ? (1 point)

_____

4. Sylvie propose : (2 points)

☐ d'y aller en métro
☐ d'y aller en voiture
☐ de prendre le bus

COMPRÉHENSION DE L'ORAL

■ Exercice 3

Vous allez entendre 2 fois un document. Il y aura 30 secondes de pause entre les 2 écoutes puis vous aurez 30 secondes pour vérifier vos réponses. Lisez d'abord les questions.

Vous entendez cette information à la radio. Répondez aux questions.

6 points

1 . Quel temps annonce-t-on pour demain à Paris ? (2 points)

☐ du beau temps
☐ de la pluie
☐ de l'orage

2 . Les températures vont varier entre _____ et _____ degrés à Paris.

(2 points)

3 . Quel temps annonce-t-on dans le nord-ouest du pays pour ce week-end ? (2 points)

☐ Image A   ☐ Image B   ☐ Image C

COMPRÉHENSION DE L'ORAL

■ Exercice 4

Vous allez entendre 5 petits dialogues correspondant à des situations différentes. Il y aura 15 secondes de pause après chaque dialogue. Puis vous entendrez à nouveau les dialogues et vous aurez 30 secondes pour compléter vos réponses. Regardez d'abord les images.
Attention : il y a 6 images mais seulement 5 dialogues.

Écrivez le numéro du dialogue sous chaque image.   10 points

Image A

Image B

Image C

Situation n⁰ _____   Situation n⁰ _____   Situation n⁰ _____

Image D

Image E

Image F

Situation n⁰ _____   Situation n⁰ _____   Situation n⁰ _____

61

DELF A1

COMPRÉHENSION DE L'ORAL

```
TRANSCRIPTIONS & CORRIGÉS   解答と解説
```

■ **Exercice 1** （4点）　**解答**　1. ☒ Nantes　2. 5　3. 18, 24

録音されているフランス語文と日本語訳

🔊 26

> Le train pour Nantes va entrer en gare. Il partira à 18 h 24 du quai n° 5.

ナント行きの列車が入ってきます。出発は18時24分、5番ホームになります。

■ **Exercice 2** （5点）　**解答**　1. Anne　2. ☒ 13:00　3. Paul
　　　　　　　　　　　　　　　　　　4. ☒ d'y aller en voiture

録音されているフランス語文と日本語訳

🔊 27

> Bonjour, Sylvie. C'est Anne. Je t'appelle pour la sortie de samedi prochain.
> J'ai fait la réservation d'une table pour déjeuner au restaurant chinois à 13
> heures. Paul viendra aussi avec nous. Si tu veux, je peux aller te chercher chez
> toi vers midi et demi avec ma voiture. Téléphone-moi ce soir chez moi.

こんにちは、シルヴィ。アンヌです。土曜日の外出のことで連絡してます。中華料
理店を13時から予約しました。ポールも来ます。よかったら、12時半頃にあなたの
家まで私が車で迎えに行きますよ。今夜、私の家に電話をください。

■ **Exercice 3** （6点）　**解答**　1. ☒ du beau temps　2. 20, 25
　　　　　　　　　　　　　　　　　　3. ☒ Image C

録音されているフランス語文と日本語訳

🔊 28

> Demain, le temps sera beau sur tout le pays. Le soleil va briller à Paris et
> les températures vont varier entre 20 et 25 degrés.
> Mais le temps sera très changeant ce week-end et il y a des risques d'orage
> sur le nord-ouest du pays.

明日は、全国的に晴れるでしょう。パリでは晴天となり、気温も20度から25度ぐら
いになるでしょう。今週末は天気が変わりやすく、フランス北西部では雷雨になる
かもしれません。

62

COMPRÉHENSION DE L'ORAL

■ Exercice 4 （10点） 各2点
🎧 29 解答

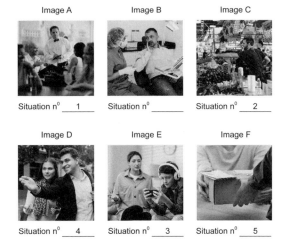

Situation n° 1　解答 Image A

録音されている対語と日本語訳

— Vous prenez un apéritif ?
— Non, Monsieur. Je prends le plat du jour.
— Moi, je prends une salade italienne.

アペリティフはいかがですか？／いいえ。本日のランチをください。／私は、イタリアンサラダをお願いします。

Situation n° 2　解答 Image C

録音されている対語と日本語訳

— Je voudrais un kilo de carottes et deux pommes.
— Voilà. Ce sera tout ?

ニンジン1キロとリンゴ2つお願いします。／はいどうぞ。ほかに何か？

63

DELF A1
COMPRÉHENSION DE L'ORAL

Situation n⁰ 3　解答 Image E

録音されている対語と日本語訳

> — As-tu fini tes devoirs ?
> — Non, mais je vais les faire après le dîner.
> — Fais-les tout de suite.

宿題終わった？／ううん、まだ。でも夕飯のあとにやるから。／今すぐやっちゃいなさい。

Situation n⁰ 4　解答 Image D

録音されている対語と日本語訳

> — Bonjour, Monsieur. Je cherche le supermarché Leclere.
> — Allez tout droit et tournez à gauche au feu rouge.

こんにちは。スーパー・ルクレールを探しているんですが。／ここをまっすぐ行って、あの赤信号のところで左に曲がってください。

Situation n⁰ 5　解答 Image F

録音されている対語と日本語訳

> — Je voudrais envoyer ce paquet au Japon.
> — Service rapide ou économique ?
> — Économique, s'il vous plaît.

この小包を日本に送りたいのですが？／速達ですか、エコノミーですか？／エコノミーでお願いします。

COMPRÉHENSION DE L'ORAL

Nombres cardinaux（基数詞）

🎧 30 ☐ 1〜10　　1 un　　2 deux　　3 trois　　4 quatre　　5 cinq　　6 six
　　　　　　　　　　7 sept　　8 huit　　9 neuf　　10 dix

🎧 31 ☐ 11〜20　　11 onze　　12 douze　　13 treize　　14 quatorze　　15 quinze　　16 seize
　　　　　　　　　　17 dix-sept　　18 dix-huit　　19 dix-neuf　　20 vingt

🎧 32 ☐ 21〜69

21 vingt et un	22 vingt-deux	23 vingt-trois
24 vingt-quatre	25 vingt-cinq	26 vingt-six
27 vingt-sept	28 vingt-huit	29 vingt-neuf
30 trente	31 trente et un	32 trente-deux
33 trente-trois	34 trente-quatre	35 trente-cinq
36 trente-six	37 trente-sept	38 trente-huit
39 trente-neuf	40 quarante	41 quarante et un
42 quarante-deux	43 quarante-trois	44 quarante-quatre
45 quarante-cinq	46 quarante-six	47 quarante-sept
48 quarante-huit	49 quarante-neuf	50 cinquante
51 cinquante et un	52 cinquante-deux	53 cinquante-trois
54 cinquante-quatre	55 cinquante-cinq	56 cinquante-six
57 cinquante-sept	58 cinquante-huit	59 cinquante-neuf
60 soixante	61 soixante et un	62 soixante-deux
63 soixante-trois	64 soixante-quatre	65 soixante-cinq
66 soixante-six	67 soixante-sept	68 soixante-huit
69 soixante-neuf		

🎧 33 ☐ 70〜80

70 soixante-dix	71 soixante et onze	72 soixante-douze
73 soixante-treize	74 soixante-quatorze	75 soixante-quinze
76 soixante-seize	77 soixante-dix-sept	78 soixante-dix-huit
79 soixante-dix-neuf	80 quatre-vingts	

DELF A1
COMPRÉHENSION DE L'ORAL

🔊 34 ☐ 81～99

81 quatre-vingt-un	82 quatre-vingt-deux
83 quatre-vingt-trois	84 quatre-vingt-quatre
85 quatre-vingt-cinq	86 quatre-vingt-six
87 quatre-vingt-sept	88 quatre-vingt-huit
89 quatre-vingt-neuf	90 quatre-vingt-dix
91 quatre-vingt-onze	92 quatre-vingt-douze
93 quatre-vingt-treize	94 quatre-vingt-quatorze
95 quatre-vingt-quinze	96 quatre-vingt-seize
97 quatre-vingt-dix-sept	98 quatre-vingt-dix-huit
99 quatre-vingt-dix-neuf	

🔊 35 ☐ 100 以上

100 cent   200 deux cents   300 trois cents

410 quatre cent dix

1000 mille   2000 deux mille   2013 deux mille treize

10 000 dix mille   100 000 cent mille

1 000 000 un million

数字を使った表現

🔊 36

☐ Je mesure un mètre soixante-dix. 　私の身長は 1 m70 です。

☐ Elle pèse cinquante kilos. 　彼女は体重が50キロあります。

☐ Il fait 1 mètre 90. 　彼は身長が 1 m90 あります。

☐ On roule à 100 kilomètres à l'heure. 　時速100キロで走っています。

☐ La bouteille fait un litre. 　このビンは 1 リットル入ります。

☐ La banque est à 50 mètres d'ici. 　銀行はここから50メートルのところにあります。

☐ C'est un appartement de cent mètres carrés. 　それは100平方メートルのアパートです。

☐ Il fait vingt-cinq degrés. 　気温は25度です。

☐ Je suis plus agée que Paul de 3 ans. 　私はポールより 3 歳年上です。

☐ Ce projet coûtera 2 millions d'euros. 　この計画は200万ユーロかかる。

66

COMPRÉHENSION DE L'ORAL

Nombres ordinaux （序数詞）

🎧 37

- ☐ 1^{er}(1ère) premier(première)
- ☐ 2e deuxième
- ☐ 3e troisième
- ☐ 4e quatrième
- ☐ 5e cinquième
- ☐ 6e sixième
- ☐ 7e septième
- ☐ 8e huitième
- ☐ 9e neuvième
- ☐ 10e dixième
- ☐ 11e onzième
- ☐ 12e douzième
- ☐ 13e treizième
- ☐ 14e quatorzième
- ☐ 15e quinzième
- ☐ 16e seizième
- ☐ 17e dix-septième
- ☐ 18e dix-huitième
- ☐ 19e dix-neuvième
- ☐ 20e vingtième
- ☐ 21e vingt et unième
- ☐ 22e vingt-deuxième
- ☐ 28e vingt-huitième
- ☐ 30 trentième
- ☐ 31e trente et unième
- ☐ 100e centième
- ☐ 1000e millième

序数詞を使った表現

🎧 38

- ☐ J'habite au premier étage.

  私は2階に住んでいます。

- ☐ C'est la première fois que je vois ce film.

  この映画を見るのは初めてです。

- ☐ Ma fille est en troisième année de médecine.

  私の娘は医学部の3年生です。

- ☐ Mes parents habitent dans le 16e arrondissement de Paris.

  私の両親はパリの16区に住んでいます。

COMPRÉHENSION DE L'ORAL

場所を表す名詞50

🔊 39

☐ appartement(m)	アパート	☐ banque(f)	銀行
☐ bâtiment(m)	建物	☐ boutique(m)	店
☐ boucherie(f)	肉屋	☐ boulangerie(f)	パン屋
☐ bureau(m)	オフィス	☐ centre-ville(m)	町の中心街
☐ centre commercial(m)	ショッピングセンター		
☐ chambre(f)	寝室	☐ cinéma(m)	映画館
☐ classe(f)	教室	☐ collège(m)	中学
☐ coiffeur (se)	美容師	☐ cuisine(f)	台所
☐ dentiste	歯科医	☐ droguerie(f)	日常雑貨品店
☐ école(f)	学校	☐ épicerie(f)	食料品店
☐ garage(m)	駐車場	☐ gare(f)	駅
☐ grand magasin(m)	百貨店	☐ hôtel(m)	ホテル
☐ immeuble(m)	ビル	☐ jardin(m)	庭
☐ lac(m)	湖	☐ librairie(f)	書店
☐ lycée(m)	高校	☐ magasin(m)	店
☐ maison(f)	家	☐ marché(m)	市場
☐ mairie(f)	市役所	☐ médecin(m)	医者
☐ montagne(f)	山	☐ pharmacie(f)	薬局
☐ piscine(f)	プール	☐ police(f)	警察
☐ poste(f)	郵便局	☐ quai(m)	プラットフォーム
☐ route(f)	県道、国道	☐ rue(f)	道
☐ salle(f)	部屋	☐ stade(m)	競技場
☐ station(f) de métro(m)	地下鉄の駅		
☐ supermarché(m)	スーパー	☐ tabac(m)	タバコ屋
☐ théâtre(m)	劇場	☐ toilettes(f.pl)	トイレ
☐ université(f)	大学	☐ usine(f)	工場

(f) 女性名詞　(m) 男性名詞　(pl) 複数形

DIPLÔME D'ÉTUDES EN LANGUE FRANÇAISE A1

Partie 2
Compréhension des écrits

読解問題

┌─ **第2部　読解問題について** ─────────────
│ 問題は4問あり、試験時間は30分、100点中の25点分になります。
│ 日常生活に関係のある資料の内容理解を問うものです。
└──────────────────────────────

COMPRÉHENSION DES ÉCRITS

読解問題のポイント

　問題のタイプは年によって異なりますが、次のように日常生活において必要となる情報の内容理解です。問題はテキストだけでなく、絵や写真や地図を見る必要もあります。

1 ）ポストカード、案内状、宣伝文、メール、メモなどに書かれた短いテキストの内容を理解する問題
2 ）捜している情報（ホテルの部屋、バカンスで借りる家、レッスン、商品、旅行など）に関する、簡単な広告文や、案内文を読んで、情報を理解し、比較したりする問題
3 ）メールや手紙、招待状に書かれた必要な情報を読み取り、地図上に記入したり、絵と合わせたりする問題
4 ）日常的な事柄に関する資料（イベント案内、お店の開店時間、メニューなど）を読み取る問題

■問題を解くときの注意点
— 配点は右上に示されています。合計10点で各質問が２点であれば、５問あると理解できます。次のページに続きの質問がある場合もありますので、配点に注意することも大切です。
— 選択肢を選ぶ問題と答えを書き入れる問題があります。
— 問題の指示文をよく読み、設問にも目を通しましょう。

■この参考書での読解問題の練習の仕方
— 上記各種の問題に慣れる練習（例と練習問題でチェック）
— 設問をよく読んで、要求されているポイントを確認する練習
— 日常的な資料の内容理解に必要となる、基本語彙（動詞、形容詞）のチェック（116～119ページ参照）

COMPRÉHENSION DES ÉCRITS

EXERCICE 1— (1)　ポストカード・メール・メモ等に書かれた短い文
章を読んで、内容を理解する問題

Vous venez de recevoir ce message. Répondez aux questions suivantes.

8 points

À : karine@gmail.com

Objet :

Aoyama

Chère Nathalie,

Je t'envoie une photo de Paris ci-joint. Il fait beau et il ne fait pas froid
ici. Ce matin, je me suis promenée près de mon hôtel, dans le quartier
Latin.
Il y avait un marché du dimanche sur la Place Mange.
J'ai acheté un pot de miel pour toi. Je rentrerai à La Rochelle le premier
mars.
À bientôt,
Bises
Marie

COMPRÉHENSION DES ÉCRITS

1. C'est un message :   (1 point)

    ☐ amical
    ☐ professionnel
    ☐ administratif

2. Qui a écrit ce message ?   (2 points)

    _____

3. Où est-elle logée ?   (2 points)

    ☐ à l'hôtel
    ☐ chez une amie
    ☐ dans un foyer d'étudiant

4. Quel temps fait-il à Paris ?   (1 point)

    ☐ A   ☐ B   ☐ C

5. Quelle est sa date de retour ?   (2 points)

    _____

DELF A1

COMPRÉHENSION DES ÉCRITS

> TRADUCTIONS & CORRIGÉS   解答と解説

指示文と日本語訳

> Vous venez de recevoir ce message. Répondez aux questions suivantes.

あなたはこのメッセージを受け取りました。次の質問に答えなさい。

1. メールの種類についての質問です。tu で書かれていて、親しい者同士の内容と分かるため、答えは□ amical（友人間の）メールです。□内に×印を入れます。

   その他の選択肢：professionnel（職業上の）、administratif（行政、役所などの）

2. 「メールを書いたのは誰か」という質問なので、答えは Marie です。

3. 「彼女はどこに滞在しているか」という質問です。

   テキストの中の次の文章 je me suis promenée près de mon hôtel（ホテルの近くを散歩した）から、滞在しているのはホテルとわかりますので、□ à l'hôtel（ホテルに）に×印を入れます。

   その他の選択肢：chez une amie（友人宅に）、dans un foyer d'étudiant（学生寮に）

4. 「パリの天気はどうですか」という質問ですので、答えは B の天気の良い絵です。

5. 「彼女の帰る日付は」という質問ですので、答えは le premier mars です。
   日付は各月の1日は le premier と書きます。le は日付の前には必要です。
   すでに、解答欄に記入されている場合もあります。

COMPRÉHENSION DES ÉCRITS

メールの訳

親愛なるナタリー
パリの写真を1枚あなたに送ります。こちらは天気は良くて、寒くはないです。
今朝、カルチエラタンの私の泊まっているホテルの近くを散歩しました。
モンジュ広場で日曜日の市がありました。蜂蜜のビン詰を1つあなたに買いました。私はラ・ロシェルに3月1日に帰るでしょう。
近いうちに
キス
マリー

ハガキを読む場合のチェックポイント

Paris, le 27 février
発信地　日付

Chère Nathalie,
書き出し（誰宛か）

Je t'envoie une carte postale de Paris. Il fait beau et il ne fait pas froid ici. Ce matin, je me suis promenée près de mon hôtel, dans le quartier Latin.
Il y avait un marché du dimanche sur la Place Monge. J'ai acheté un pot de miel pour toi. Je rentrerai à La Rochelle le premier mars.
À bientôt,

Bises
最後の挨拶

Marie
サイン（誰が書いたか）

これらの情報は、自分でハガキを書くときにも必要となります。

75

COMPRÉHENSION DES ÉCRITS

■ Exercice 1— (2)

Vous êtes Marc, vous trouvez ce message sur votre téléphone portable.

8 points

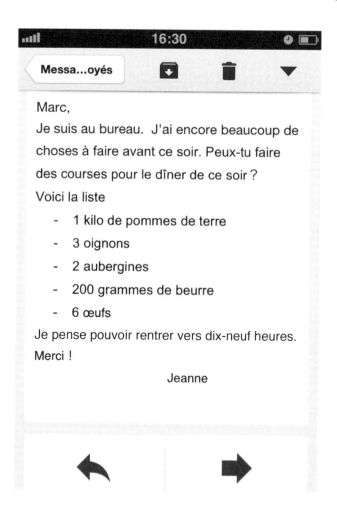

COMPRÉHENSION DES ÉCRITS

Répondez aux questions

1. Qui a écrit ce message ?   (2 points)

   _____

2. D'où écrit-elle ce message ?   (2 points)

   ☐ de la maison
   ☐ du bureau
   ☐ du cinéma

3. Elle vous demande :   (2 points)

   ☐ d'acheter quelque chose
   ☐ de préparer le repas
   ☐ de téléphoner à un ami

4. Elle donne :   (1 point)

   ☐ une liste d'achats
   ☐ une liste de cadeaux
   ☐ une liste d'amis

5. Vers quelle heure rentrera-t-elle à la maison ?   (1 point)

   ☐ image A   ☐ image B   ☐ image C

COMPRÉHENSION DES ÉCRITS

(TRADUCTIONS & CORRIGÉS　解答と解説)

指示文と日本語訳

Vous êtes Marc, vous trouvez ce message sur votre téléphone portable.

あなたはマルクです。携帯に次のメッセージが入っていました。

まず、問題の指示をよく読むことから始めましょう。
メッセージを受け取ったのはあなたという設定での問題です。

1．「このメッセージを書いたのは誰か」ですから、答えは Jeanne です。

2．「どこからメッセージを送っているか」ですから、☒du bureau（事務所から）です。

3．「彼女は何を頼んでいるか」というと☒d'acheter quelque chose（買い物をすること）です。
　　その他の選択肢：de préparer le repas（食事の準備をすること）、de téléphoner à un ami（友達に電話すること）

4．彼女が書いてきたのは☒une liste d'achats（買い物のリスト）です。
　　その他の選択肢：une liste de cadeaux（贈り物のリスト）、une liste d'amis（友人のリスト）

5．「彼女は家に何時頃に帰ってくるのか」ですから☒image B の19時頃です。

78

COMPRÉHENSION DES ÉCRITS

マルク

いま会社にいます。今夕までにまだやらなくてはいけない仕事がたくさんあります。今夜の夕食の買い物をお願いできますか？

これがリストです。

—ジャガイモ 1 kg

—タマネギ 3 こ

—なす 2 こ

—バター 200g

—たまご 6 こ

19時頃には帰れると思います。

よろしく。

ジャンヌ

COMPRÉHENSION DES ÉCRITS

EXERCICE 2—(1)　あなたにとって必要な情報（ホテル、貸家、旅行
案内、商品の案内、各種レッスンなど）に関する
資料を読み比べて、あなたの条件に合うものを選
ぶタイプの問題

Vous voulez aller à Marseille. Vous lisez ces annonces.

5 points

Découvrez Marseille à deux Paris-Marseille 50€/personne en TGV Tarif spécial couple! **Information : Agence SNCF 08 21 21 10 10**	Offre spécial Provence Aller-retour Paris-Marseille en avion **110 €** **Agence Avenir 01 24 31 44 88**
Visitez le Côte d'azur Paris-Nice en avion aller-retour **120 €** **Renseignements : Agence Bon voyage 01 26 77 14 14**	Partez dans le Midi de la France Aller-retour Paris-Marseille en bus 70 € pour les moins de 25 ans **Contact : Agence Sud 01 28 45 10 30**

COMPRÉHENSION DES ÉCRITS

Répondez aux questions.

1. Combien coûte un aller-retour Paris-Marseille en T.G.V. par personne, si vous voyagez à deux ?   (1 point)

   _____

2. Combien coûte un aller-retour Paris-Marseille en bus pour les jeunes ?
   (1 point)

   _____

3. Vous avez 28 ans et vous voyagez seul. Vous contactez quelle agence ?
   (2 points)

   _____

4. Quel est le numéro de téléphone de l'Agence Bon voyage ?
   (1 point)

   _____

DELF A1
COMPRÉHENSION DES ÉCRITS

> TRADUCTIONS & CORRIGÉS　解答と解説

　資料を比べて、条件に合うものを選ぶタイプの問題です。

指示文と日本語訳

> Vous voulez aller à Marseille.　Vous lisez ces annonces.

　あなたはマルセイユに行きたいと思っています。下の広告を読みます。

　このように、指示文が簡単な場合は、設問を読みましょう。

1. 「2人で旅行する場合、T.G.V. でパリ―マルセイユ往復はいくらですか」
  という問題です。Agence SNCF での旅行は表の左上です。答えは **50€**

2. 「若者向けのバスでのパリ―マルセイユの往復料金はいくらですか」とい
  う問題です。若者向けのバスでの旅行は表の右下です。答えは **70€**

3. 「あなたは28歳で、1人で旅行をします。どの旅行代理店に問い合わせを
  しますか」一番条件に合うのは、表の右上の **Agence Avenir** の内容です。
  左上は「2人でマルセイユを見学」ということなので合いません。左下
  はニース行きの飛行機ですから、マルセイユは遠いです。右下は25歳以
  下という条件があります。

4. 「Agence Bon voyage の電話番号は」という問題です。
  答えは **01 26 77 14 14**

COMPRÉHENSION DES ÉCRITS

2人でマルセイユを見学 パリーマルセイユ間 TGV 1人50ユーロ ペア割引 インフォメーション： 　　SNCF 代理店08 21 21 10 10	プロバンス行き、特別セール パリーマルセイユ間往復航空券 110ユーロ アヴニール旅行代理店 01 24 31 44 88
コートダジュールを訪れよう パリーニース間往復航空券 120ユーロ 連絡先：ボンボワイヤージュ代理店 　　01 26 77 14 14	南フランスへ行こう パリーマルセイユ間バス往復 25歳以下70ユーロ 連絡先：シュッド代理店 　　01 28 45 10 30

＊フランスの電話番号は市内や市外の区別はなく、どこからどこにかけても10桁の数字です。フランス全土が01，02，03，04，05の5つの地区に分けられています。01で始まる電話はパリ地区です。08で始まる電話番号は無料電話です。

COMPRÉHENSION DES ÉCRITS

■ Exercice 2— (2)

Vous cherchez une chambre à un lit avec salle de bains dans la ville d'Angers. Vous allez y rester seulement une nuit. Vous préférez un hôtel près de la gare.

Vous lisez ces offres.

5 points

Hôtel Bleu Marine avec restaurant Dans le centre-ville. Chambre pour 2 personnes, avec salle de bains 180€ la nuit avec petit-déjeuner 18 bd Maréchal.Foch, 49100 Angers Tél : 02 41 87 37 20	**Hôtel de France** 8 pl. de la gare 49100 Angers Tél : 02 41 88 49 42 avec restaurant En face de la gare. *130 €* la nuit pour une personne, avec salle de bains petit-déjeuner *10€*
Hôtel Ibis Dans le centre historique de la ville, avec rest. , 110 € avec douche la nuit r. Poissonnerie 49100 Angers Tél 02 41 86 15 15	**Hôtel Cavier** Rte de Laval par N 162, 8 km avec restaurant dans un ancien moulin 100/150 € la nuit pour une chambre à deux lits avec petit-déjeuner Tél 02 41 42 30 45

COMPRÉHENSION DES ÉCRITS

Repondez aux questions.

1. Où choisissez-vous de dormir ? (2 points)

   ☐ Hôtel Bleu Marine ☐ Hôtel de France
   ☐ Hôtel Ibis   ☐ Hôtel Cavier

2. Quel est le prix d'une nuit de cet hôtel ? (2 points)

   ☐ 180€ ☐ 130€ ☐ 110€

3. Est-ce que le petit-déjeuner est compris dans le prix ? (1 point)

   ☐ Oui ☐ Non

DELF A1

COMPRÉHENSION DES ÉCRITS

> TRADUCTIONS & CORRIGÉS　解答と解説

指示文と日本語訳

> Vous cherchez une chambre à un lit avec salle de bains dans la ville d'Angers.
> Vous allez y rester seulement une nuit. Vous préférez un hôtel près de la gare.
> Vous lisez ces offres.

　あなたはアンジェ市で風呂付のシングルの部屋を探しています。1泊のみします。駅の近くのホテルを望みます。下の広告を読みます。

1. 風呂付のシングルの部屋を駅の近くで探しているという条件から選べるのは表の右上の **Hôtel de France** です。

   en face de la gare（駅前）と表示されています。

2. 1泊の値段は **130 euros** です。

3. 答えは ⊠ Non

   朝食は10 euros と記載されているので、部屋代には含まれていません。

　　*スペースの限られた広告では、以下のような省略がよくされます。
bd = boulevard 大通り　　r.= rue 通り　　av. = avenue 大通り（並木のある）　　rte = route 都市を結ぶ道路　　rest. = restaurant レストラン
pl. = place 広場

86

COMPRÉHENSION DES ÉCRITS

Hôtel Bleu Marine（オテル・ブルー・マリヌ） レストランあり 町の中央 2 人用部屋、浴室あり 朝食付 1 泊 180 € マレシャル・フォッシュ通り 18 番地 アンジェ市 49100（郵便番号） 電話番号：02 41 87 37 20	Hôtel de France（オテル・ド・フランス） 駅前広場 8 番地 アンジェ市 49100 電話番号：02 41 88 49 42 レストランあり 駅前 浴室付、 1 人部屋 1 泊 130 € 朝食10€
Hôtel Ibis（オテル・イビス） 市の歴史的中心地内 レストランあり シャワー付1泊110 € ポワソヌリ通り アンジェ市 49100 電話番号 02 41 86 15 15	Hôtel Cavier（ホテル・カヴィエ） ラヴァル行国道 162 号線　8 km 昔の風車内のレストランあり ツインベッドの部屋朝食付 1 泊 100 / 150 € 電話番号 02 41 42 30 45

87

COMPRÉHENSION DES ÉCRITS

EXERCICE 3—（1） メールや招待状、求人広告に書かれている情報を読みとり、地図上に記入したり、絵と合わせる問題

Vous recevez le e-mail suivant.

6 points
2 points par réponse

A : karine@gmail.com
Objet :
Aoyama

De : Marie@courriel.fr
Objet : Rendez-vous de demain

Bonjour Toshi,

Je suis bien arrivée à Paris. Comme prévu, on va se voir demain après-midi ?

Est-ce que tu pourras venir à mon hôtel ? Voici l'adresse : 75 rue du Cardinal Lemoine, Paris 5e. Je pense que tu viendras avec ta voiture. Cette rue commence par le quai de la Seine et termine à la place de la Contrescarpe. Juste avant l'hôtel, tu verras un sens unique. Tu tournes d'abord à droite dans la rue Clovis vers le Panthéon et tout de suite à gauche dans la rue Descartes. En arrivant à la place, tu feras le tour de la place et retrouveras la rue du Cardinal Lemoine, ainsi tu pourras arriver devant l'hôtel. Je t'attends vers 14 heures.

Salut

Marie

88

Répondez aux questions

1. Dessinez sur le plan ci-dessous le chemin pour aller à l'hôtel de votre amie en voiture.

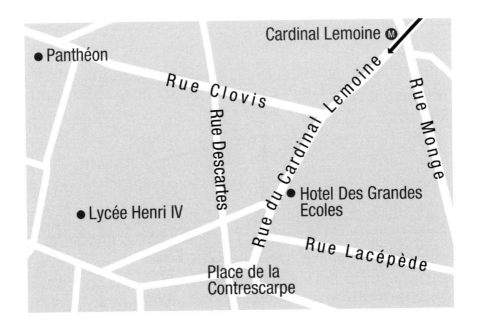

2. Marie donne rendez-vous :

   ☐ à l'hôtel
   ☐ à la place
   ☐ devant le Panthéon

3. Le rendez-vous est :

   ☐ demain après-midi
   ☐ demain matin
   ☐ demain soir

COMPRÉHENSION DES ÉCRITS

> TRADUCTIONS & CORRIGÉS　解答と解説

1. 「車であなたの友達のホテルに行く道順を地図上に書きなさい」という問題です。

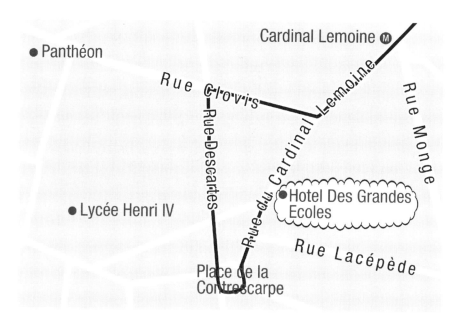

COMPRÉHENSION DES ÉCRITS

2．「マリーは約束の場所をどこにしているか」を選択肢から選びます。メールには「私のホテルに来てもらえますか」と書いてあるので、答えは☒à l'hôtel です。

その他の選択肢：à la place（広場で）、devant le Panthéon（パンテオンの前で）

3．Le rendez-vous（約束）は☒demain après-midi（明日の午後）です。

À : karine@gmail.com
Objet :
☒▾　　Aoyama

From : Marie@courriel.fr
件名：明日の約束について

こんにちはトシ、
私は無事パリに着きました。約束どおり、明日の午後会いましょうね。私のホテルに来てもらえますか。住所はパリ5区　<u>カルディナル・ルモワンヌ通り</u>、75番地です。あなたは車で来ると思いますが、この通りはセーヌ川岸から始まり、コントレスカルプ広場で終わりますが、ホテルの直前で、一方通行になります。まず<u>クロヴィス通り</u>を右に、パンテオンの方向に回って、すぐに<u>デカルト通り</u>を左に曲がってください。（<u>コントレスカルプ</u>）広場についたら、広場の周りを回って、カルディナル・ルモワンヌ通りを見つけてください。こうすればホテルの前まで着けます。14時頃に待っています。
では。
マリー

〇下線の引いてある通りや広場を地図上で探してみましょう。

91

COMPRÉHENSION DES ÉCRITS

■ Exercice 3— (2)

Vous recevez le e-mail suivant.

6 points

2 points par réponse

À : karine@gmail.com

Objet :

Aoyama

De : Pierre@courriel.fr

Objet : Déjeuner au restaurant

Salut,

Comme convenu, samedi prochain, on se retrouve à 12 h au restaurant « Les Bouquinistes ». Je ne connais pas l'adresse exacte, mais ce n'est pas difficile d'y aller. En sortant du métro « Odéon», tu prendras rue de l'Ancienne-Comédie vers la Seine, ensuite rue Dauphine jusqu'au quai et là tourne à droite. Tu trouveras le restaurant sur le quai des Grands Augustins.

Pierre

Répondez aux questions

1 . Le rendez-vous est :

☐ le matin

☐ le midi

☐ le soir

COMPRÉHENSION DES ÉCRITS

2. Dessinez sur le plan ci-dessous le chemin indiqué dans le courriel de votre ami pour aller au rendez-vous.

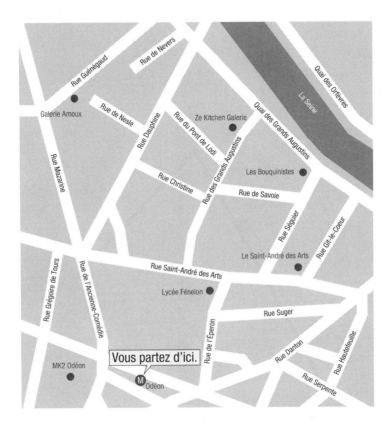

3. Pierre donne rendez-vous dans :

☐ un restaurant
☐ une station de métro
☐ un théâtre

COMPRÉHENSION DES ÉCRITS

> TRADUCTIONS & CORRIGÉS　解答と解説

1. Le rendez-vous（約束）の時間は12時ですから、答えは☒ le midi です。

2. 「友人のメールに書かれている約束の場所に行く道順を地図上に書きなさい」という問題です。

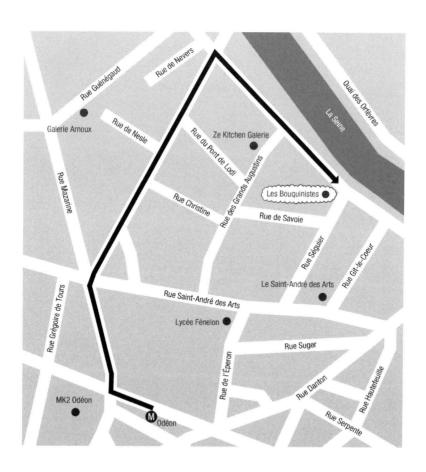

COMPRÉHENSION DES ÉCRITS

3. Pierre が提示した約束の場所はレストランですから、答えは☒ un restaurant です。

A : karine@gmail.com
Objet
Aoyama

From : Pierre@courriel.fr
件名：レストランでの昼食

こんにちは

約束どおり、次の土曜日、12時にレストラン « Les Bouquinistes » で12時に会いましょう。私は正確な住所は知らないけれど、行くのは難しくありません。地下鉄「オデオン」駅から出たら、Ancienne Comédie 通りをセーヌ河の方向に行ってください。それから Dauphine 通りを川岸まで行って、右に曲がります。レストランは quai des Grands Augustins にあります。

ピエール

DELF A1
COMPRÉHENSION DES ÉCRITS

Exercice 4—(1)　日常的な事柄に関する資料を読み取る問題

Vous habitez à Paris. Votre amie anglaise vient vous rendre visite. Elle s'intéresse aux plantes. Vous allez lui proposer une visite au Jardin des plantes. Lisez le document et répondez aux questions.

6 points
2 points par réponse

COMPRÉHENSION DES ÉCRITS

Répondez aux questions.

1. Si vous prenez le métro ligne 5. À quelle station descendez-vous ?

☐ Jardin des Plantes   ☐ Austerlitz
☐ Censier Daubenton

2. Est-ce que le Jardin est ouvert le lundi ?

☐ Oui   ☐ Non

3. Combien coûte l'entrée ?

_____

DELF A1
COMPRÉHENSION DES ÉCRITS

> TRADUCTIONS & CORRIGÉS　解答と解説

指示文と日本語訳

Vous habitez à Paris.　Votre amie anglaise vient vous rendre visite.　Elle s'intéresse aux plantes.　Vous allez lui proposer une visite au Jardin des plantes. Lisez le document et répondez aux questions.

あなたはパリに住んでいます。イギリス人の友人があなたを訪れます。

彼女は植物に関心があります。あなたは彼女に植物園の見学を提案しようと思っています。次の資料を読んで、質問に答えなさい。

　問題は 3 問あり、配点は各問 2 点で、合計 6 点です。

　資料の情報の量は多いですが、すべてを理解する必要はありません。まず設問を読んで、読み取るポイントをつかみ、必要な情報を探し、答えるようにしましょう。

1.「地下鉄の 5 番線に乗ると、どの駅で降りますか」という問題です。5 番線の駅は☒Austerlitz です。

2. 答えは☒Oui。資料に ouvert tous les jours（毎日開園）とあります。

3.「入場料はいくらか」という問題です。tarif（料金）のところに Entrée gratuite（入園無料）とあるため、答えは gratuite です。

98

COMPRÉHENSION DES ÉCRITS

アクセス

住所：パリ5区キュヴィエ通り57番地

　　　*フランスの住所表記に慣れましょう。番地、通りの名前、郵便番号（最後に表記される場合もあります）、町の名前、の順に表記されます。郵便番号は、75がパリ、その後の数字が1〜20区までを表します。

バス：24、57、61、63、67、89、91番線

　　　*この番号のバスが近くに停まるということです。バス停にもこの番号が表記されています。

バトバス：「植物園」停留所

　　　*バトバスとは、セーヌ川を廻っている船のバスのことです。少ない停留所の一つが植物園。15〜30分間隔で運行しています。

地下鉄・RER：5番線オステルリッツ駅、7番線サンシェ・ドバントン駅、10番線ジュシュー駅、RER C線オステルリッツ駅

　　　*RERはRéseau Express Régional（首都圏高速交通網）の頭文字で、セーヌ川に沿って運行しているのがC線です。

開園時間

毎日開園　夏季7時30分から20時まで
　　　　　冬季8時から17時30分まで
入園は閉園15分前まで
お問い合わせは01 40 79 56 01まで

料金

植物園：入園無料

COMPRÉHENSION DES ÉCRITS

■ Exercice 4 — (2)

Vous habitez en France. Vous voulez faire une sortie avec votre ami en voiture. Vous avez vu ce document.

6 points

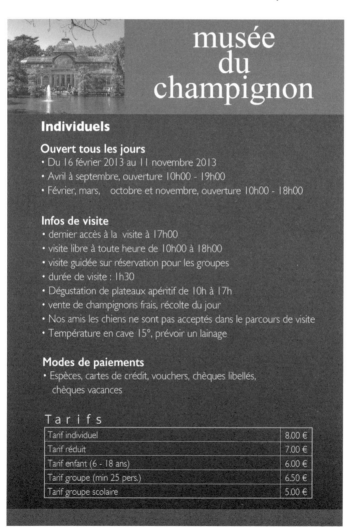

musée du champignon

Individuels

Ouvert tous les jours
- Du 16 février 2013 au 11 novembre 2013
- Avril à septembre, ouverture 10h00 - 19h00
- Février, mars, octobre et novembre, ouverture 10h00 - 18h00

Infos de visite
- dernier accès à la visite à 17h00
- visite libre à toute heure de 10h00 à 18h00
- visite guidée sur réservation pour les groupes
- durée de visite : 1h30
- Dégustation de plateaux apéritif de 10h à 17h
- vente de champignons frais, récolte du jour
- Nos amis les chiens ne sont pas acceptés dans le parcours de visite
- Température en cave 15°, prévoir un lainage

Modes de paiements
- Espèces, cartes de crédit, vouchers, chèques libellés, chèques vacances

Tarifs

Tarif individuel	8.00 €
Tarif réduit	7.00 €
Tarif enfant (6 - 18 ans)	6.00 €
Tarif groupe (min 25 pers.)	6.50 €
Tarif groupe scolaire	5.00 €

COMPRÉHENSION DES ÉCRITS

Répondez aux questions.

1. Le musée est ouvert : (2 points)

   du _____ 2013 au _____ 2013

2. Combien coûte l'entrée du musée pour les individuels ? (2 points)

   _____ €

3. Peut-on payer par carte de crédit? (1 point)

   ☐ Oui   ☐ Non

4. Est-ce qu'on peut acheter des champignons frais? (1 point)

   ☐ Oui   ☐ Non

101

DELF A1
COMPRÉHENSION DES ÉCRITS

┌───┐
│ TRADUCTIONS & CORRIGÉS　解答と解説 │
└───┘

指示文と日本語訳

┌───┐
│ Vous habitez en France.　Vous voulez faire une sortie avec votre ami en │
│ voiture.　Vous avez vu ce document. │
└───┘

　あなたはフランスに住んでいます。友人と車で出かけたいと思っています。この資料を見ました。

　問題は4問あり、配点は1、2が2点、3、4が1点で合計6点です。まず設問を読み、答えに必要な項目を確認してから資料を読みましょう。

1．Le musée est ouvert　「博物館の開いている期間」は資料の1行目に記載されています。答えは du 16 février 2013 au 11 novembre 2013 です。

2．「個人で見学の場合、博物館への入場料はいくらか」という問題です。料金表を確認しましょう。答えは 8 € です。

3．「クレジットカードで支払いができるか」は modes de paiments（支払い方法）を確認しましょう。答えは ☒ Oui です。

4．「新鮮なシャンピニオンを買うことができるか」は見学情報の6番目に「当日収穫した新鮮なシャンピニオンの販売」とあるので、購入できます。答えは ☒ Oui です。

102

毎日開館

・2013年 2 月16日〜2013年11月11日まで
・4 月〜 9 月 開館時間 10時〜19時
・2 月、3 月、10月、11月 開館時間 10時〜18時

見学情報

・最終入館時間 17時
・自由見学 10時〜18時
・団体向けガイド付き見学は要予約
・見学所要時間 1 時間30分
・アペリティフ・プレート試食時間 10時〜17時
・当日収穫した新鮮なシャンピニオンの販売
・ペットは入場不可
・カーヴの気温は15度です。セーター類を用意してください。

支払い方法

・現金、クレジットカード、バウチャー、小切手、バカンス小切手

料金表

個人料金	8 ユーロ
割引料金	7 ユーロ
子ども料金 (6歳〜18歳)	6 ユーロ
団体料金 (25人以上)	6.5ユーロ
学校団体料金	5 ユーロ

COMPRÉHENSION DES ÉCRITS　　　読解模擬テスト問題

Exemple d'épreuve
Compréhension des écrits

25 points

■ Exercice 1

Vous êtes Nathalie et recevez ce courriel. Répondez aux questions.

6 points

2 points par réponse

Chère Nathalie,

Est-ce que tu es libre samedi prochain ? Je pense aller au cinéma pour voir le film dont on parle beaucoup en ce moment :« Le vent se lève ». Ça te dirait d'y aller avec moi ? Le samedi, il y a 4 séances : 9h15, 12h15, 15h15 et 19h.

Je pense choisir celle de 15h15. On pourra déjeuner ensemble et voir le film après. Si ça te dit, téléphone-moi vite. Je peux acheter les billets sur internet.

J'attends ta réponse.

Amicalement,

Marie

COMPRÉHENSION DES ÉCRITS

Répondez aux questions.

1. Qui est-ce qui vous écrit ?

    C'est _____ .

2. Qu'est-ce qu'elle propose ?

    ☐ d'aller voir une exposition
    ☐ d'aller voir un film
    ☐ d'aller se promener en voiture

3. À quelle heure commence la séance de film que vous allez voir ?

☐ douze heures quinze   ☐ quinze heures quinze   ☐ dix-neuf heures

105

COMPRÉHENSION DES ÉCRITS

■ Exercice 2

Vous voulez partir en week-end à La Rochelle avec un(e) ami(e). Vous trouvez sur internet cette liste d'hôtels.

6 points

2 points par réponse

France-Angleterre***   110 €

20-30 rue Rambaud
05 46 41 23 99

Ancien hôtel particulier et Champlain
avec agréable jardin
au cœur du centre ville
sans restaurant

Trianon et Plage***   90 €

6 rue Monnaie
05 46 41 21 35

à proximité du vieux port et de la plage
25 chambres climatisées
avec restaurant

Frantour St-Nicolas***   106 €

13 rue Sardinerie
05 46 41 71 55

près de la gare SNCF
et près du vieux port
avec climatisation
sans restaurant

IBIS La Rochelle**   74 €

4 rue Léonce Vieljeux

Centre ville
deux pas de la Grosse Horloge
et du Vieux Port
sans restaurant

Kyriad La Rochelle***   65 €

Centre –Les Minimes
Rue de la Scierie,
Minimes

Chaîne Kyriad
ouvert en 2013
avec wifi/internet
chambres climatisées, parking privé

COMPRÉHENSION DES ÉCRITS

Quel hôtel choisissez-vous si vous voulez...

1 . un hôtel moderne, économique, avec climatisation et wifi/internet

   _____

2 . une chambre près de la plage et avec un restaurant

   _____

3 . un bon hôtel au centre ville avec un agréable jardin pour s'y promener

   _____

COMPRÉHENSION DES ÉCRITS

■ Exercice 3

Vous êtes au restaurant la Maison 25 et vous lisez le menu.

                                  6 points

                        2 points par réponse

Restaurant la Maison 25

Menu

→)) Entrée au choix ((←

Quiche Lorraine
Salade Niçoise
Œufs à la Russe

→)) Plat au choix ((←

Escalope viennoise
Choucroute garnie
Steak au poivre

→)) Dessert au choix ((←

Crème au caramel
Tarte aux fraises
Salade de fruits
Mousse au chocolat

Entrée + plat du jour + dessert   19 euros
Plat du jour + entrée ou dessert   15 euros

Du lundi au samedi de 11h à 15 h

COMPRÉHENSION DES ÉCRITS

Répondez aux questions.

1 . Quel jour le restaurant est-il fermé ?

☐ lundi   ☐ samedi   ☐ dimanche

2 . Vous prenez une salade niçoise, un steak au poivre et une tarte aux fraises. Combien payez-vous ?

_____ €

3 . Est-ce qu'on peut choisir ce menu au dîner ?

☐ Oui   ☐ Non

COMPRÉHENSION DES ÉCRITS

■ Exercice 4

Voici une recette de crêpes. Répondez aux questions.

7 points

Crêpes
Quantité : 10 crêpes

Ingrédients :
- 250 g. de farine
- 3 œufs
- 1/2 litre de lait
- 1 cuillérée à soupe de sucre
- 1 cuillérée à café de sel
- 50 g. de beurre
- 1 cuillérée à soupe de Calvados

- Mélanger la farine avec les œufs, le sel, le sucre et le lait froid dans un saladier.
- Ajouter le beurre fondu et le Calvados
- Laisser reposer deux heures
- Dans une poêle chaude et beurrée, verser une louche de pâte au centre et l'étaler rapidement.
- Faire cuire la crêpe une ou deux minutes environ à feu moyen, la retourner et cuire encore une ou deux minutes.

Bon appétit !

Répondez aux questions.

1. Avec 250 g. de farine, combien d'œufs est-ce qu'il faut ?

   (2 points)

    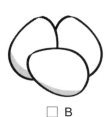 

   ☐ A ☐ B ☐ C

2. Combien d'heures est-ce qu'il faut laisser reposer la pâte ?

   (2 points)

   ☐ 1 heure
   ☐ 2 heures
   ☐ 3 heures

3. Combien de minutes faut-il cuire la pâte étalée ? (2 points)

   ☐ 1 ou 2 minutes
   ☐ 5 ou 6 minutes
   ☐ 10 minutes

4. Est-ce qu'on retourne la crêpe ? (1 point)

   ☐ Oui ☐ Non

COMPRÉHENSION DES ÉCRITS

TRADUCTIONS & CORRIGÉS　解答と解説

■ **Exercice 1**　問題は3問あり、配点は各問2点で合計6点です。
指示文と日本語訳

> Vous êtes Nathalie et recevez ce courriel. Répondez aux questions.

　あなたはナタリーです。次のメールを受け取りました。質問に答えなさい。

1．「誰があなたにメールを書いていますか」という問題です。

　　　　　　　　　　　　　　　　　　　　解答 C'est Marie.

2．「彼女は何を提案していますか」という問題です。マリーは映画を見に行こうと思っています。

　　　　　　　　　　　　　　　　　　　　解答 ☒ d'aller voir un film

3．「見に行く回の映画は何時に始まりますか」という問題です。マリーは15時15分の回を提案しています。

　　　　　　　　　　　　　　　　　　　　解答 ☒ quinze heures quinze

> 親愛なるナタリー
> 次の土曜日は暇ですか。私は今話題になっている映画「風立ちぬ」を観に行こうと思っています。一緒に行きませんか。土曜日は9時15分，12時15分，15時15分と19時の4回上映があります。私は15時15分の回を見ようと思っています。一緒に昼食を取って、その後映画を見ることもできるわね。もしよければ、すぐに電話をしてね。私はネットで切符を買うことができます。返事を待ってます。
> マリー

COMPRÉHENSION DES ÉCRITS

■ **Exercice 2** 問題は 3 問あり、配点は各問 2 点で合計 6 点です。
指示文と日本語訳

Vous voulez partir en week-end à La Rochelle avec un(e) ami(e). Vous trouvez sur internet cette liste d'hôtels. Quel hôtel choisissez-vous si vous voulez…

あなたは週末に友人とラ・ロシェルに出かけたいと思っています。ネット上に次のホテルのリストを見つけました。もし次のような希望なら、あなたはどのホテルを選びますか。

1.「新しいホテルで、値段が安く、冷暖房、インターネット付」

解答 Kyriad La Rochelle

2.「レストランのある、浜辺の近くのホテル」　　　**解答** Trianon et Plage

3.「町中にあり、散歩できるような庭もあるホテル」　**解答** France-Angleterre

France-Angleterre*** et Champlain 20-30 rue Rambaud 05 46 41 23 99	旧大邸宅のホテル 快適な庭付 町の中心部 レストランなし	*110ユーロ*
Trianon et Plage*** 6 rue Monnaie 05 46 41 21 35	旧港と海岸近く 冷暖房付の部屋25室 レストラン付	*90ユーロ*
Frantour St-Nicolas*** 13 rue Sardinerie 05 46 41 71 55	国鉄駅近く 旧港近く 冷暖房付 レストランなし	*106ユーロ*
IBIS La Rochelle** 4 rue Léonce Vieljeux	町の中心 大時計と旧港近く レストランなし	*74ユーロ*
Kyriad La Rochelle*** Centre-Les Minimes Rue de la Scierie, Minimes	*Kyriad* チェーン *2013年*オープン *wifi/internet* あり パーキングあり 冷暖房付の部屋	*65ユーロ*

113

DELF A1
COMPRÉHENSION DES ÉCRITS

■ **Exercice 3** 問題は 3 問あり、配点は各問 2 点で合計 6 点です。

指示文と日本語訳

Vous êtes au restaurant et vous lisez le menu. Répondez aux questions.

あなたはレストランでメニューを見ています。質問に答えなさい。

1. 「レストランの閉まる日はいつですか」 **解答** dimanche

2. 「ニース風サラダ、ペッパーステーキとフルーツタルトを注文するといく
   ら払いますか」 **解答** 19 €

3. 「夕食時にこのメニューを選べますか」 **解答** ☒ Non

レストラン　ラ　メゾン25

メニュー

アントレ（以下からお選びください）
キッシュロレーヌ
ニース風サラダ
ロシア風卵

メインディッシュ（以下からお選びください）
エスカロープ　ウィーン風
ソーセージ・ハム添えシュークルート
ペッパーステーキ

デザート（以下からお選びください）
カスタードプリン
イチゴのタルト
フルーツサラダ
チョコレートムース

アントレ＋メインディッシュ＋デザート　19€
インディッシュ＋アントレまたはデザート　15€

月曜日から土曜日の11時から15時まで

114

COMPRÉHENSION DES ÉCRITS

■ **Exercice 4** 問題は4問あり、配点は1、2、3が2点、4が1点で合計7
点です。

　レシピを見て答える問題です。問題を読んでから内容を読むといいでしょう。
知らない単語は気にかけず内容をつかんでください。

指示文と日本語訳

> Voici une recette de crêpes. Répondez aux questions.

　これはクレープのレシピです。質問に答えなさい。

1．「小麦粉250グラムに対して、卵はいくつ必要か」　　　　　　解答 ☒B

2．「生地を何時間寝かせる必要があるか」　　　　　　解答 ☒2 heures

3．「伸ばした生地を何分焼くか」　　　　　　解答 ☒1 ou 2 minutes

4．「クレープはひっくり返すか」　　　　　　解答 ☒Oui

出来上がり量：クレープ10枚
材料
　　　　―小麦粉250グラム
　　　　―卵3個
　　　　―牛乳 1/2 リットル
　　　　―砂糖大匙 1
　　　　―塩小匙 1
　　　　―バター50ℊ
　　　　―カルバドス大匙1
―サラダホールに小麦粉を卵、塩、砂糖、冷たいミルクと混ぜる
―溶かしたバターとカルバドスを加える
―生地を2時間寝かせる
―暖めてバターを塗ったフライパンの中央にオタマ1杯の生地を流し込みすぐ
*　に広げる*
―クレープを中火で1、2分焼く、ひっくり返し更に1、2分焼く。
　　　　　　　　　　　　　　　　　　　　　　　　　どうぞ召し上がれ

115

DELF A1
COMPRÉHENSION DES ÉCRITS

基本動詞のチェック

🎧 40

☐ acheter	買う	☐ aider	手伝う
☐ aimer	愛する、好む	☐ aller	行く
☐ appeler	呼ぶ	☐ apprendre	学ぶ
☐ arriver	到着する	☐ attendre	待つ
☐ avancer	進める	☐ avoir	持つ
☐ baisser	下げる	☐ boire	飲む
☐ changer	変える	☐ chanter	歌う
☐ chercher	探す	☐ choisir	選ぶ
☐ commencer	始める	☐ commander	注文する
☐ comprendre	理解する	☐ compter	数える
☐ connaître	知る	☐ continuer	続ける
☐ corriger	訂正する	☐ couper	切る
☐ courir	走る	☐ coûter	値段が〜である
☐ croire	信じる、思う	☐ cuire	料理する
☐ danser	踊る	☐ décider	決める
☐ déjeuner	昼食を取る	☐ demander	尋ねる、頼む
☐ déranger	邪魔する	☐ descendre	降りる
☐ dessiner	描く	☐ devenir	〜になる
☐ devoir	〜すべきである	☐ dîner	夕食を取る
☐ dire	言う	☐ donner	与える
☐ dormir	眠る	☐ écouter	聞く
☐ écrire	書く	☐ employer	使う
☐ entendre	理解する、聞こえる	☐ entrer	入る
☐ envoyer	送る	☐ essayer	試みる
☐ étudier	学ぶ	☐ être	〜である
☐ faire	する、作る	☐ fermer	閉じる
☐ finir	終わる	☐ gagner	稼ぐ
☐ garder	保つ	☐ goûter	味わう

116

COMPRÉHENSION DES ÉCRITS

🎧 41

☐	habiter	住む	☐	inviter	招待する
☐	laver	洗う	☐	lire	読む
☐	louer	貸す	☐	manger	食べる
☐	marcher	歩く	☐	monter	上る
☐	montrer	示す	☐	mourir	死ぬ
☐	nager	泳ぐ	☐	naître	生まれる
☐	neiger	雪が降る	☐	oublier	忘れる
☐	ouvrir	開く	☐	parler	話す
☐	partir	出発する	☐	passer	通る
☐	payer	払う	☐	penser	考える
☐	perdre	失う、なくす	☐	permettre	許す
☐	peser	重さをはかる	☐	pleuvoir	雨がふる
☐	pouvoir	できる	☐	préférer	～の方を好む
☐	prendre	取る、乗る	☐	préparer	準備する
☐	raconter	語る	☐	ranger	整理する
☐	raser	ひげをそる	☐	recevoir	受け取る
☐	regarder	見る	☐	remplir	満たす、記入する
☐	rencontrer	出会う	☐	répéter	繰りかえす
☐	répondre	答える	☐	réserver	予約する
☐	rester	～にいる	☐	réussir	成功する
☐	saluer	挨拶する	☐	savoir	知る
☐	sentir	感じる、匂う	☐	servir	仕える、料理を出す
☐	sortir	外出する	☐	se brosser	～にブラシをかける
☐	se coucher	床につく	☐	s'habiller	服を着る
☐	se lever	起き上がる	☐	se promener	散歩する
☐	se soigner	体に気をつける	☐	se souvenir de	思いだす
☐	téléphoner	電話する	☐	tenir	つかむ
☐	tomber	落ちる	☐	tourner	回る、曲がる
☐	travailler	仕事する	☐	traverser	横切る
☐	trouver	思う、見つける	☐	venir	来る
☐	vendre	売る	☐	visiter	訪れる

DELF A1
COMPRÉHENSION DES ÉCRITS

☐ vivre　　生きる　　　　　　☐ voir　　見る
☐ voyager　旅行する　　　　　☐ vouloir　望む

基本形容詞のチェック

🎧 42

☐ absent(e)　　不在の　　　　　☐ âgé(e)　　　年取った
☐ agréable　　快適な　　　　　☐ amusant(e)　面白い
☐ ancien(ne)　古い　　　　　　☐ beau / belle　綺麗な
☐ blanc(he)　　白い　　　　　　☐ bleu(e)　　　青の
☐ bon(ne)　　良い、美味しい　　☐ brun(e)　　　茶色の
☐ carré(e)　　四角の　　　　　☐ certain(e)　　確かな
☐ chaque　　それぞれ　　　　　☐ chaud(e)　　暑い、熱い
☐ cher(ère)　高い、親しい　　　☐ clair(e)　　　明るい
☐ complet(ète)　いっぱいの　　　☐ content(e)　　満足した
☐ court(e)　　短い　　　　　　☐ curieux(se)　興味深い
☐ dangereux(se)　危険な　　　　☐ dernier(ère)　最後の、最新の
☐ différent(e)　異なる　　　　　☐ difficile　　　難しい
☐ doux(ce)　　甘い、やさしい　　☐ droit(e)　　　右の
☐ dur(e)　　　硬い　　　　　　☐ économique　経済的な
☐ épais(se)　　分厚い　　　　　☐ étranger(ère)　外国の
☐ étroit(e)　　狭い　　　　　　☐ facile　　　　易しい
☐ faible　　　弱い　　　　　　☐ fatigué(e)　　疲れた
☐ faux(sse)　　間違った　　　　☐ fin(e)　　　　細かい
☐ fort(e)　　　強い　　　　　　☐ frais(îche)　　新鮮な、冷たい
☐ froid(e)　　冷たい、寒い　　　☐ gai(e)　　　　愉快な、陽気な
☐ gauche　　左の　　　　　　　☐ gentil(le)　　親切な
☐ grand(e)　　大きな　　　　　☐ gris(e)　　　灰色の
☐ gros(se)　　太った　　　　　☐ heureux(se)　幸せな
☐ humide　　湿気た　　　　　　☐ important(e)　重要な
☐ intéressant(e)　興味深い　　　☐ jaune　　　　黄色い

118

COMPRÉHENSION DES ÉCRITS

- [ ] jeune 若い
- [ ] juste 正しい
- [ ] lég*er*(*ère*) 軽い
- [ ] long(ue) 長い
- [ ] malade 病気の
- [ ] mince やせた
- [ ] mort(e) 死んだ
- [ ] naturel(le) 自然な
- [ ] neu*f*(*ve*) 新しい
- [ ] pauvre 貧しい、可哀想な
- [ ] plat(e) 平らな
- [ ] possible 可能な
- [ ] prêt(e) 用意ができた
- [ ] proche 近い
- [ ] rapide 早い
- [ ] riche 豊かな
- [ ] rouge 赤い
- [ ] sec / sèche 乾いた
- [ ] sérieu*x*(*se*) 真面目な
- [ ] simple 単純な
- [ ] sûr(e) 確実な
- [ ] tranquille 落ち着いた
- [ ] urgent(e) 急な
- [ ] vert(e) 緑の
- [ ] vide 空の
- [ ] vrai(e) 本当の、正しい

- [ ] joli(e) きれいな
- [ ] large 広い
- [ ] lent(e) 遅い
- [ ] lourd(e) 重い
- [ ] mauvais(e) 悪い
- [ ] moderne 近代的な
- [ ] mûr(e) 熟した
- [ ] nécessaire 必要な
- [ ] nouveau / nouvelle 新しい
- [ ] petit(e) 小さい
- [ ] poli(e) 礼儀正しい
- [ ] présent(e) 出席の
- [ ] prochain(e) 次の
- [ ] profond(e) 深い
- [ ] rare まれな
- [ ] rond(e) 丸い
- [ ] sale 汚れた
- [ ] second(e) 2番目の
- [ ] seul(e) 1人の
- [ ] social(e) 社会的な
- [ ] sympathique 感じがよい
- [ ] triste 悲しい
- [ ] utile 有益な
- [ ] veu*f*(*ve*) やもめの
- [ ] vieux / vielle 年取った

119

DIPLÔME D'ÉTUDES EN LANGUE FRANÇAISE A1

Partie 3
Production écrite
文書作成問題

第３部　文書作成問題について

問題は２問あり、100点中の25点分になります。

　１問目はカードや申込書等に自分の情報を記入する問題（10点）。

　２問目は日常生活のテーマで簡単な文書を作成する問題（15点）。

試験時間は30分です。

DELF A1
PRODUCTION ÉCRITE

> ### 文書作成問題のポイント1

　問題1は自分自身のことについて、カードや申請書等の書式に情報を記入する問題で、配点は10点です。つまり記入する項目が10箇所ということです。

　記入する書式の例は次の通りです。
1 ）Fiche d'inscription à l'hôtel　ホテルの宿泊カード
2 ）Fiche d'inscription aux cours de français　フランス語研修の申込書
3 ）Fiche de demande de logement　住まい（寮、ホームステイ等）の申込書
4 ）Formulaire d'inscription　（旅行等の）登録・申込書
5 ）Demande de documentation　カタログや資料の依頼書

　各項目が1点で、情報が間違いなく記入されていれば、綴り字の間違いは減点の対象にはなりません。

　問題2は日常的な事柄に関して、簡単な文書（ハガキ、メール、メッセージ、説明文等）を作成する問題です。40～50語程度を用いて書くという指示がありますが、この範囲内で書くという意味ではなく、これが最小単語数と考えましょう。
　指示をよく読み、指示に従って文章を書くことが大切です。130ページの問題のポイントを参考にして練習をしましょう。配点は15点です。採点基準については133～134ページを参照して下さい。

■時間配分
　2問で30分が予定されていますが、問題1より、問題2の文書作成のほうに時間はかかるでしょう。時間配分をよく考えて問題を解きましょう。

PRODUCTION ÉCRITE

■ **Exemple 1**　自分自身について、書式に記入する問題

Vous voulez suivre des cours de français pendant un mois dans une école de langues. Complétez votre fiche d'inscription.

あなたは語学学校で1ヶ月のフランス語の授業を受けたいと思っています。申込書に記入しなさい。

10 points
1 point par réponse

Nom :

Prénom :

Nationalité :

Adresse postale :

Âge :

Profession (ou études) :

Téléphone et / ou courriel :

Langues parlées :

Signature :

Date :

DELF A1
PRODUCTION ÉCRITE

> EXEMPLES & COMMENTAIRES　解答例と解説

記入することは以下の10項目です。

できるだけ読みやすく、きれいに記入しましょう。

majuscule（大文字）で記入するように指示がある場合もありますので、指示に従いましょう。

1) Nom　　　　　　　　　　　　　　苗字
2) Prénom　　　　　　　　　　　　名前
3) Nationalité　　　　　　　　　　国籍
4) Adresse postale　　　　　　　　現住所
5) Âge　　　　　　　　　　　　　　年齢
6) Profession (ou études)　　　　職業（または学業）
7) Téléphone et / ou courriel　電話番号および / またはeメール
　　*e メールは、adresse e-mail / adresse électronique とも表現できます。
8) Langues parlées　　　　　　　話せる言語
9) Signature　　　　　　　　　　署名
10) Date　　　　　　　　　　　　　日付
　　*le 17avril のように日付の前には le を書きます。

○資料請求の場合は次の語彙や表現も覚えておきましょう。

―住所について

Code postal　郵便番号　　Ville　市　　Pays　国

―授業数について

Combien d'heures par jour est-ce que vous pouvez étudier ?
1 日何時間の授業が受けられるか

PRODUCTION ÉCRITE

Nom : Iwanaga

Prénom : Kenji

Nationalité : japonaise*

Adresse postale : 3-8 Izumi-machi Nagasaki 852-8157

Âge : 20

Profession (ou études) : étudiant

Téléphone et/ou courriel : ken. iwa@docomo.ne.jp

Langues parlées : japonais, anglais

Signature : *Kenji Iwanaga*

Date : le 27 juin 2018

* nationalité は女性名詞なので、男性も女性も本人の性別にかかわらず japonaise となります。

125

PRODUCTION ÉCRITE

■ Exercice 1— (1)

Vous êtes à la réception d'un hôtel. Complétez la fiche.

10 points
1 point par réponse

```
Fiche d'inscription à l'hôtel

Nom :

Prénom :

Nationalité :

Adresse postale :

Adresse électronique :

Téléphone :

Profession :

Nombre de personnes :

Date d'arrivée :

Date de départ :
```

PRODUCTION ÉCRITE

EXEMPLES & COMMENTAIRES　解答例と解説

　ホテルの受付で記入する書類の例です。記入する項目は以下の通りです。

1) Nom　　　　　　　　　　苗字
2) Prénom　　　　　　　　　名前
3) Nationalité　　　　　　　国籍
4) Adresse postale　　　　　住所
5) Adresse électronique　　 e メールアドレス
6) Téléphone　　　　　　　電話番号
7) Profession　　　　　　　職業
8) Nombre de personnes　 宿泊人数
9) Date d'arrivée　　　　　到着日
10) Date de départ　　　　　出発日

○ホテルの予約の際に必要な事項（語彙）として次の語も覚えておきましょう。

一部屋のタイプ
　　chambre avec salle de bains 浴室付の部屋
　　chambre avec deux lits　　　ツインベットの部屋
　　chambre avec douche　　　　シャワー付の部屋
　　avec petit-déjeuner　　　　　朝食付

127

PRODUCTION ÉCRITE

■ Exercice 1— (2)

Complétez votre fiche d'inscription de logement.

10 points
1 point par réponse

Fiche de demande de logement.

Nom :

Prénom :

Date et lieu de naissance :

Nationalité :

Adresse postale :

Profession (ou études) :

Téléphone et/ou courriel :

Date d'entrée au Foyer :

Signature :

Date :

PRODUCTION ÉCRITE

EXEMPLES & COMMENTAIRES　解答例と解説

　留学先の住居の申込用紙に記入する例です。今までにない項目は以下のものだけです。

Date et lieu de naissance　*生年月日と出生場所*

Date d'entrée au Foyer　　*寮に入る日付*

　実際の foyer（寮）の申し込みに関しては、父親や母親の名前と職業を書く欄がある場合や、nom de jeune fille（旧姓）を記入するものもあります。また、pension complète（全食事付）、demi-pension（朝、夕の2食付）を選ぶという場合もあります。

○アパートを借りる場合などの書類に必要な語彙として、次の語も覚えておきましょう。

Locataire　　　　　　　　*借家人*

Situation de famille　　　　*家族状況（妻子の有無・既婚・未婚等を記します）*

　marié(e)　　　　　　　*既婚*

　célibataire　　　　　　　*独身*

Nombre d'enfants　　　　*子供の数*

Nombre total de personnes qui vont habiter l'appartement

アパートに住む人の数

Domicile actuel　　　　　*現住所*

Coordonnées bancaires　　*銀行口座に関する情報*

Nom de la banque　　　　*銀行名*

Numéro de compte　　　　*口座番号（試験の場合は適当に番号を書く）*

Emploi occupé　　　　　　*職業*

129

DELF A1
PRODUCTION ÉCRITE

文書作成問題のポイント2

　問題で指示された内容に従い文書を作成します。問題文をしっかり読みポイントをつかむことが大切です。ポイントに下線を引くことも1つの方法でしょう。

―文字数：40～50語と書かれていますが、これは最低の単語数と理解してください。50語以内に収めなさいということではありません。

―配点：15点分が6項目に配点されます。どのように評価、配点されるかについては133～134ページを参照してください。

作成する文書の種類・指示される事柄の例をいくつか挙げてみます。

1）ハガキ

　　この問題が一般的です。書く内容についての指示に従います。

　　①どこから出すのか（バカンス先、または研修先から）

　　②誰に出すのか（tu で話すか vous で話すか）

　　③何について書くのか（temps 天候、ville 町、ce que vous faites あなたのしていること）

　　④日程・予定について（いつ帰るのか、今後何をするのか）

2）メールでの情報交換

　　この問題も一般的です。

　　（例1）フランス語での文通相手を探している人に、メールで返事を出すなど、知らない人に出すメールの場合は se présenter（自己紹介）、les loisirs（趣味）について、les familles（家族）についても書けるようにします。

　　（例2）あなたは友人をあなたの家に inviter（招待）します。activité（あなたの計画）や dates（日程）について提案します。

3）メモなど

　　（例）家族や同室の友人に今晩の予定のメッセージを書置きする場合。どこに出かけるのか、何時頃帰る予定か、よければ一緒に行かないかなど指示に従い作成します。

130

PRODUCTION ÉCRITE

■ **Exemple 2**　日常的な事柄に関して簡単な文書を作成する問題

Vous êtes en vacances avec vos parents. Vous envoyez une carte postale à une amie française. Vous lui parlez du temps, de la ville et de ce que vous faites. Vous lui annoncez que vous allez bientôt à Paris. (40 à 50mots)

15 points

Mademoiselle Anne Martin
12, rue Lauriston
75016 Paris
France

EXEMPLES & COMMENTAIRES　解答例と解説

指示文の日本語訳

　あなたは両親と休暇を過ごしています。フランスの友人（女性）にハガキを送ります。天候、町について、何をしているかについて書きます。近く、パリに行く予定についても書きます。*(40から50語)*

131

DELF A1
PRODUCTION ÉCRITE

指示文を読んでチェックする点

1）バカンス地からのハガキ
2）両親と一緒である
3）書く相手は une amie（フランス人女性の友人）
4）内容として書くこと（天候、町、していること）
5）近くパリに行くことも知らせる

Nagasaki, le 25 juillet 2024
₁₎

Chère Anne,
₃₎
   Comment vas-tu ?   Je vais bien et je
suis en vacances avec mes parents à
₂₎
Nagasaki. Il fait beau et très chaud ici.
₄₎
Je me promène en ville et prends
beaucoup de photos.

   Je vais à Paris fin août pour une
₅₎
semaine et j'espère te revoir, si tu as le
temps.
Amicalement,
à bientôt.

                     Yoshiko

Mademoiselle Anne
Martin
12, rue Lauriston
75016 Paris
France

　指示された内容を忘れずに書いているか、語数は充たしているかなどと共に、ハガキの場合、書き忘れてはならないのは、発信地、日付、書き出しと終わりの挨拶に文章を書いた人の署名です。また、書く相手次第で tu を使うか vous を使うかなども大切です。ハガキの書き方のパターンは覚えましょう。（75ページ参照）

PRODUCTION ÉCRITE

採点基準について

　文書作成問題（２）がどのように評価されるかを知っておいた方がよいでしょう。

　2022年秋の試験から採点方法が大きく変わりました。以前は各項目で、0.5点刻みの評価でしたが、新しい採点方法では、15点分が以下のように5項目で評価され、一項目3点で評価されます。3点の評価は4種類で、0点（解答なしか不十分）05点（書けてはいるがレベル以下）、2（レベルには達しているが少し問題点が残る場合）、3点（レベルとして十分である）となっています。

■ Réalisation de la tâche　　3点

　指示された内容に従って文章が書かれているか、最小限の長さは充たしているかが評価されます。配点3点で、A1レベルに達していれば2点、A1＋レベルであれば3点です。

■ Cohérence et cohésion　　3点

　<et> や <mais> のような文のつなぎの語が用いられているかどうかで評価されます。

　さらに <alors> とか <parce que> 等を用いて、文がつながっていれば3点になるでしょう。

■ Adéquation sociolingustique　　3点

　状況に合った書き出しと終わりの挨拶の文が書かれているか、書く相手にふさわしい文体（tu/vous）で書いているかが評価されます。

　書き出しの挨拶文としては、Cher ami, Cher Jean, Chère Marie, Bonjour など、最後の挨拶は親しさによりますが、Cordialement, Amicalement, À (très) bientôt, Bises などがよく使われます。サインを忘れないようにしましょう。また葉書の場合は、発信地と日付も書くのが普通です。

133

DELF A1
PRODUCTION ÉCRITE

■ Lexique　3点

　指示された内容に応じたA1レベルの単語や表現は用いられていて、スペル
にも間違いがない場合は3点、音声的には合っているが、スペルに少し間違
いがあれば2点になるでしょう。

■ Morphosyntaxe　3点

　冠詞の使い方、動詞の活用、構文（主語、動詞の語順）など、基本的な文法
の知識が評価されます。正しく用いられていれば3点、少し問題があると2
点でしょう。

Exercice 2— (1)

Vous êtes libre samedi après-midi. Vous voulez aller faire des courses, car les soldes vont commencer ce week-end. Vous envoyez un e-mail à votre amie Nathalie pour lui proposer d'y aller avec vous. Vous lui donnez rendez-vous à 14 heures devant la Fnac sur l'Avenue des Champs-Élysées.

(40 à 50 mots)

15 points

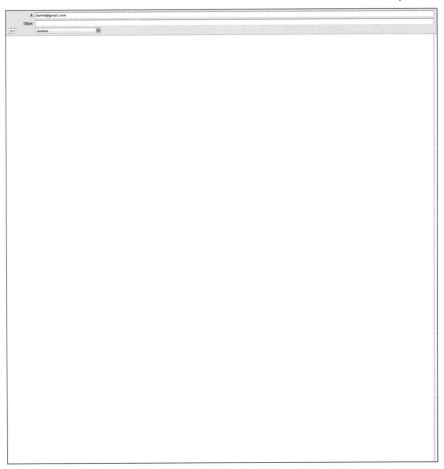

DELF A1
PRODUCTION ÉCRITE

> EXEMPLES & COMMENTAIRES　解答例と解説

　指示文に従い、書くべきこと
1) 土曜日の午後あなたは暇であること
2) 買い物に行きたいこと
3) 友達のナタリーにメールを送り、一緒に行こうとさそう
4) 14時にシャンゼリゼ大通りのFnacの前で会おうと提案する

　この4点に加え、挨拶の文が書けていることも必要です。
　前のページの評価票をみて、自己採点をしてください。

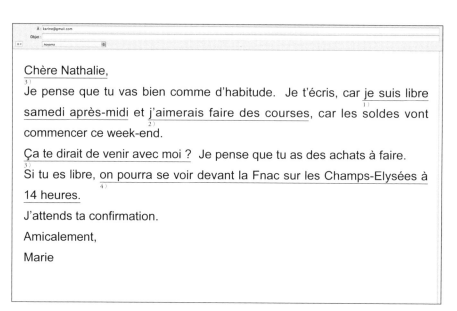

　メールの場合は日付を書く必要はありません。

PRODUCTION ÉCRITE

■ Exercice 2— (2)

Vous êtes Tomiko. Vous envoyez un e-mail à votre amie Noriko qui est à Paris en voyage et vous lui demandez la date de son retour au Japon. Vous lui demandez aussi de vous apporter de l'Emmenthal, car votre amie française adore cela.

(40 à 50 mots)

15 points

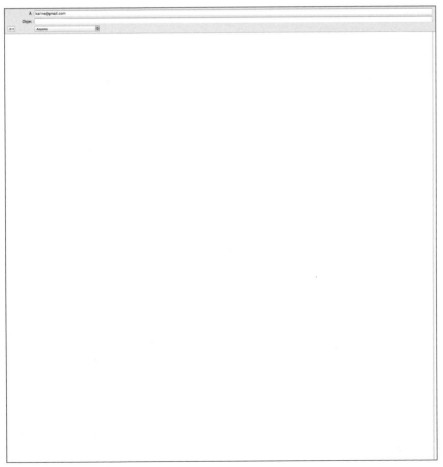

PRODUCTION ÉCRITE

> EXEMPLES & COMMENTAIRES　解答例と解説

指示文の日本語訳

　あなたは Tomiko です。パリに旅行している友人 Noriko にメールを送り、いつ帰国するかたずねます。また、自分のフランス人の友人が大好きなチーズ Emmenthal を買ってきてほしいと頼みます。

指示文に従い、書くべきこと
1）Tomiko であること
2）パリに旅行中の友人 Noriko にメールを送る
3）帰国の日を尋ねる
4）チーズ Emmenthal を買ってきてほしいと頼む

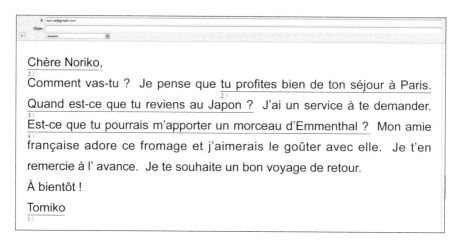

PRODUCTION ÉCRITE

○文章作成に使う次の表現は覚えておきましょう。

一提案する表現

Je te propose + nom(de + inf.)　　　　（〜すること）をあなたに提案します。

Je t'invite à mon anniversaire.　　　　私の誕生日に招待します。

Je vous invite à prendre un apéritif.　　アペリティフに招待します。

一情報を得るための表現

Qu'est-ce que c'est ? ／ C'est quoi ?　これは何ですか。

Où se trouve 〜 ?　　　　　　　　　　〜はどこにありますか。

Je voudrais savoir où se trouve 〜　　〜がどこにあるか知りたい

Je voudrais savoir combien coûte 〜　〜がいくらするか知りたい

Expliquez-moi comment faire.　　　　どうするのか説明してください。

一情報を知らせるための表現

Je t'annonce la naissance de 〜　　〜の誕生を知らせます。

Je t'annonce que 〜　　　　　　　　〜のことを知らせます。

J'ai le plaisir de vous inviter à 〜　　〜にあなたを御招待します。

一何かを受け入れたり、拒否する表現

J'accepte avec plaisir ton invitation.　　　喜んで招待を受けます。

Je serai heureux(se) d'aller 〜　　　　　行けたら嬉しいです。

Je suis désolé(e), mais je ne peux pas + inf.　残念ですが、〜できません。

parce que ...　　　　　　　　　　　　　というのは…

J'aimerais bien, mais ...　　　　　　　　したいのですが…

Je regrette.　　　　　　　　　　　　　残念です。

一感謝する表現

Merci pour ton invitation.　　　　招待ありがとう。

C'est très gentil de + inf.　　　　〜してくれてありがとう。

PRODUCTION ÉCRITE　文書作成模擬テスト問題

Exemple d'épreuve
Production écrite

25 points

■ EXERCICE 1

Vous souhaitez prendre des cours de cuisine par internet. Remplissez le formulaire suivant pour recevoir gratuitement la documentation.

10 points

1 point par réponse

Demande de documentation

Nom : ………………………………..

Prénom : …………………………..

Date de naissance : ………………………….

Situation de famille : ……………………..

Nombre d'enfants : ………………………….

Adresse : …………………………………………

Code postale : ……………………………….

Numéro de téléphone …………………………

Adresse électronique …………………………….

Combien d'heures par semaine pouvez-vous étudier ? ……………………………….

140

■ EXERCICE 2

Vous allez partir à Paris et vous écrivez un e-mail à un(e) ami(e) français(e) pour lui annoncer votre arrivée avec vos dates de séjour et lui demander le temps à Paris, s'il(si elle) sera là et si vous pourrez le(la) rencontrer. (40 à 50 mots)

15 points

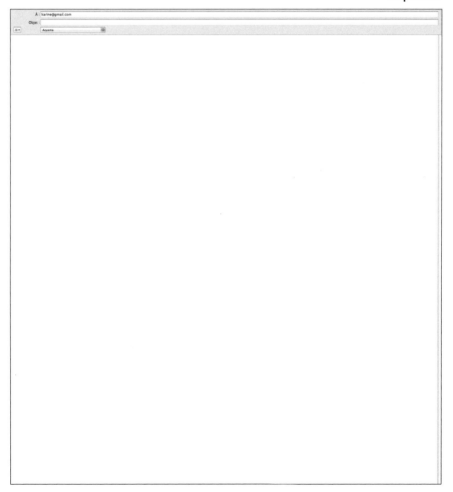

PRODUCTION ÉCRITE

> EXEMPLES & COMMENTAIRES　解答例と解説

■ Exercice 1

　今までの練習で問題なく記入できたと思います。新しい箇所の説明のみします。

　Situation de famille : célibataire（独身）または marié(e)（既婚）と記入。
Nombre d'enfants : 子供の数（答えは数字のみでよいでしょう。）

　Combien d'heures par semaine pouvez-vous étudier ?「1 週間に何時間学習できるか」の答えは 2 heures / 3 heures と適当に時間数を入れます。数字だけではなく、heure は書いたほうがよいでしょう。

....

■ Exercice 2

　e-mail の例を載せますがこの通りである必要はありません。133～134ページの採点基準に従い、自己採点してみてください。

書くべきこと
1）パリに出発すること
2）滞在日と日程を書くこと
3）パリの天候を尋ねる
4）会えるかどうかを尋ねる

Cher Marc,

Bonjour ! Comment vas-tu ? Je t'écris pour t'annoncer mon voyage à Paris. J'arriverai dans l'après-midi du 22 novembre et y resterai une semaine. J'aimerais te revoir pendant mon séjour. Est-ce que tu seras libre ? Quel temps fait-il à Paris en ce moment ? Est-ce qu'il faut un manteau ? J'attends ta réponse.

Amicalement,

Kenji

DIPLÔME D'ÉTUDES EN LANGUE FRANÇAISE A1

Partie 4
Production Orale
口頭試験

第4部　口頭試験について

口頭試験は次のページで説明するように3部構成で、試験時間は5〜7分です。試験前に、2問目と3問目の試験問題について、自分が選んだ問題が渡され、10分間の準備時間があります。この時間を生かして、落ち着いて準備をすることが大切です。
問題は決して難しいものではありません。配点は3問で100点中の25点です。

https://www.trefle.press/a1

DELF A1
PRODUCTION ORALE

採点基準について

　口頭試験は以下の3部からなり、各部の内容と配点は2022年秋から以下の通り変更になりました。

■ Entretien dirigé 試験官との会話（約1分、4点）
　ポイント：自己紹介ができる、自分について話すことができる。
　試験官はあなた自身について、あなたの家族について、あなたの趣味や活動についての簡単な質問をしますので、それに答えます。

■ Échange d'information 情報交換（約2分、配点4点）
　ポイント：日常的な事柄について質問することができる。
　単語が6つ書かれたカードが渡されるので、その単語を使って試験官に質問をし、試験官の返事を理解できていることを示します。

■ Dialogue simulé ou jeu de rôle 模擬会話（約2分、配点4点）
　ポイント：買い物ができる、情報を得ることができる等
　与えられた状況を演じる。買い物をするという場合は、受験者が客になり、試験官が店員です。試験官から渡される絵を用いて、買おうと思う物について質問（量や値段）をしましょう。最後に渡された紙幣や硬貨を使って、お金を払います。

　上記の評価合計12点に加えて、3問全体についての以下の評価があります。Lexique（使用した表現・語彙について）5点、Morphosyntaxe（構文や文法について）4点、Maîtrise du système phonologique（発音について）4点、計13点で、合計25点になります。4点の場合の評価配分は解答がない場合は0点、レベル以下は1点、A1レベルは2．5点、A1以上が4点です。語彙の5点は0．1．3．5の配点です。

　試験官は2023年度より、A1から2人になりました。試験官を前に緊張すると思いますが、質問が理解出来ない時、わかりにくい時は遠慮なく試験官に聞き直してください。例えば、次のように言うとよいでしょう。Excusez-moi, vous pouvez répéter, s'il vous plaît ?「すみませんが、繰り返していただけますか。」

PRODUCTION ORALE

口頭試験問題のポイント1

■ Entretien dirigé 試験官との会話 （約1分）
自己紹介ができる、自分について話すことができる。

試験官はあなた自身について、あなたの家族について、あなたの趣味や活動についての簡単な質問をしますので、それに答えます。

約1分という短時間での会話ですから、以下のような日常会話でよくある質問には、すぐに答えられるように練習しておきましょう。

質問文の例

① Sur vous　あなた自身について

1) Vous vous appelez comment ?　　　　名前は何ですか。
2) Votre nom, comment ça s'écrit ?　　　名前のスペルは？
3) Quelle est votre nationalité ?　　　　国籍は何ですか。
4) Quelle est votre ville d'origine ?　　出身地はどこですか。
5) Où habitez-vous ?　　　　　　　　　どこに住んでいますか。
6) Vous habitez loin d'ici ?　　　　　　ここから遠くに住んでいますか。

---

1) Je m'appelle Fumiyo ANAN.
2) 自分の名前のスペルをフランス語のアルファベで答えます。
   F-U-M-I-Y-O A-N-A-N
   フランス語のアルファベが言えるように練習しておきましょう。
3) Je suis japonais(e).　「日本人です。」
4) Je suis de Tokyo.　　「東京出身です。」
5) J'habite à Kyoto.　　「京都に住んでいます。」
   6) の答えを加えることもできます。
6) この質問にはまず oui, non で答えてから説明を加えます。
   「ここから」というのは、試験会場からということです。
   Non, j'habite tout près d'ici. Je viens à pied.
   「いいえ、このすぐ近くに住んでいます。歩いてきました。」
   Oui. Il me faut une heure en bus.　「はい。バスで1時間かかります。」

145

DELF A1
PRODUCTION ORALE

2　Sur votre travail (ou vos études)　仕事（学業）について

🎧 44
7) Quelle est votre profession ?　　　　職業は何ですか。

8) Vous aimez votre travail ?　　　　　仕事が好きですか。

9) Qu'est-ce que vous étudiez ?　　　　何を勉強していますか。

---

7) Je suis pâtissier (infirmier).「パティシエ / 看護師です。」

Je travaille dans une banque.「銀行で働いています。」

職業については色んな答えがあると思いますが、説明できるようにし
ておいてください。（150ページ参照）

学生の場合は、Je suis étudiant(e).　J'étudie l'histoire.　「学生です。
歴史の勉強をしています。」などと答えましょう。

8) 7) の質問の続きです。Oui か Non で答えます。

Oui, j'aime mon travail.「はい、仕事が好きです。」

9) J'étudie la pharmacie (la médecine).「薬学 / 医学の勉強をしています。」

勉強内容についての語彙は149ページを参照してください。

Quelle est votre spécialité ?　「あなたの専門は何ですか」という質問
も同じことを聞いています。

3　Sur vos loisirs　あなたの趣味、好みについて

🎧 45
10) Vous aimez le sport ?　　　　　　　スポーツは好きですか。

11) Quel sport est-ce que vous faites ?　どんなスポーツをしていますか。

---

10) Oui, j'aime la natation.「はい、水泳が好きです。」

Non, pas tellement.「いいえ、あまり。」

スポーツが好きな人は好きなスポーツをフランス語で言えるようにし
ましょう。（150ページ参照）

11) Je fais du football.　Je joue au tennis.　「サッカー / テニスをしていま
す。」

146

PRODUCTION ORALE

4 Sur vos habitudes　毎日の習慣について

🎵 46　12）Parlez-moi d'une journée habituelle.

あなたの普通の1日について話してください。

13）Vous vous levez à quelle heure ?　　何時に起きますか。

14）Qu'est-ce que vous mangez pour le petit-déjeuner ?

朝食には何を食べますか。

15）Vous rentrez à quelle heure ?　　何時に家に帰りますか。

16）Qu'est-ce que vous faites le soir ?　夕方は何をしますか。

17）Qu'est-ce que vous faites le week-end ?　週末は何をしますか。

12）この質問への答えは13）〜16）の質問への答えでもよいでしょう。

Je me lève à 7 heures.　Je prends ma douche et je m'habille.　Je prends mon petit-déjeuner.　Je pars au travail à 8 heures.　Je travaille jusqu'à 17 heures.　Je prends le bus pour rentrer chez moi.　Je me couche à 22 heures.

「私は7時に起きます。シャワーを浴びて、洋服を着ます。朝食をとります。8時に仕事に出かけます。17時まで仕事をします。家に帰るにはバスに乗ります。22時に寝ます。」

13）Je me lève à 6 heures.　「6時に起きます。」

14）Je mange du pain avec de la confiture. Je bois du café (thé).

「パンにジャムをつけて食べます。コーヒー（紅茶）を飲みます。」

15）Je rentre chez moi vers 6 heures.　「家に6時ごろ帰ります。」

16）Je me repose.　Je regarde la télévision.　「休憩をします。テレビを見ます。」

17）Je sors avec des amis.「友達と出かけます。」

Je fais le ménage.「掃除をします。」

「週末に何をするか」と聞かれて、真面目に rien「何も」と答える人がいますが、それでは会話になりませんので、答えを用意しておきましょう。

147

DELF A1
PRODUCTION ORALE

5   Sur votre logement   住まいについて

🔊 47   18) Parlez-moi de votre appartement / de votre maison.

あなたの住まいについて話してください。

---

18) アパートか家か、住まいについて答えられるようにしましょう。

J'habite dans une (petite) maison avec mes parents. C'est une maison neuve avec un petit jardin. Il y a un étage. Ma chambre est au premier étage. 「私は（小さな）家に両親と住んでいます。小さな庭のある新しい家です。2階建で、私の部屋は2階にあります。」

---

6   Sur votre famille   家族について

🔊 48   19) Parlez-moi de votre famille.   家族について話してください。

20) Vous êtes marié(e) ?   結婚していますか。

21) Vous avez des enfants ?   子供はいますか。

22) Quel âge ont-ils ?   彼らは何歳ですか。

23) Vous avez des frères et sœurs ?   兄弟、姉妹はいますか。

24) Ils habitent où ?   彼らはどこに住んでいますか。

25) Qu'est-ce qu'ils font ?   彼らは何をしていますか。

---

19) 家族について話す場合は以下の19）から24）の質問に答える形で準備してもいいでしょう。

J'habite chez mes parents. Nous sommes 5 dans ma famille : mes parents, mon frère, ma sœur et moi. 「私は両親の家に住んでいます。5人家族で、両親、兄（弟）、姉（妹）と私です。」

20) Oui, je suis marié(e). 「はい、結婚しています。」
Non, je suis célibataire. 「いいえ、独身です。」
このように、Oui, Non で答える質問には、それだけでなく、さらに情報を加えてください。

21) Oui, j'en ai 2. 「はい、2人います。」
Non, je n'en ai pas. 「いいえ、子供はいません。」

148

PRODUCTION ORALE

22）子供がいる場合、子供の年齢を言えるようにしましょう。
Mon fils a 5 ans.「息子は 5 歳です。」
Ma fille a 7 ans. 「娘は 7 歳です。」

23）兄弟、姉妹がいる場合は彼らの年齢も言えるようにしましょう。
Mon frère a 24 ans. 「兄は24歳です。」
Ma sœur a 31 ans. 「姉は31歳です。」

24）また、どこに住んでいるかもすぐ答えられるようにしましょう。
Il habite à Tokyo. 「彼は東京に住んでいます。」
Elle habite à Nagoya. 「彼女は名古屋に住んでいます。」

25）兄弟の職業、また家族の職業については、答えられるように準備しましょう。職業の語彙については150ページを参照してください。

1）～25）までの質問は、個人的な質問で、答えることに抵抗を感じる人もいると思いますが、質問がわかっているかどうか、答えられるかをみるための試験ですので、割り切って答えましょう。

○自分自身について語るために必要な語彙をチェックしましょう。

語彙のチェック

🔊 49 Matières　教科・学科

☐ art(m)	芸術	☐ chimie(f)	化学
☐ économie(f)	経済	☐ éducation physique(f)	体育
☐ géographie(f)	地理	☐ histoire(f)	歴史
☐ langue(f)	言語	☐ mathématiques(f.pl)	数学
☐ physique(f)	物理	☐ sciences humaines(f.pl)	人文科学
☐ sciences naturelles(f.pl)	自然科学	☐ sciences politiques(f.pl)	政治学

(f) 女性名詞　(m) 男性名詞　(pl) 複数形

149

DELF A1
PRODUCTION ORALE

◎50 Professions　職業

☐ avocat(e)	弁護士	☐ boulang*er*(*ère*)	パン屋さん
☐ bouch*er*(*ère*)	肉屋さん	☐ caissi*er*(*ère*)	レジ係
☐ coiffe*ur*(*se*)	美容師	☐ crémi*er*(*ère*)	牛乳屋さん
☐ employé(e) de bureau	事務員	☐ enseignant(e)	教師
☐ épici*er*(*ère*)	食料品屋さん	☐ fact*eur*(*rice*)	郵便配達員
☐ femme au foyer	主婦	☐ gardien(ne)	ガードマン
☐ guitariste	ギター奏者	☐ infirmi*er*(*ère*)	看護士
☐ informaticien(ne)	情報処理技術者	☐ médecin	医者
☐ musicien(e)	音楽家	☐ peintre	画家
☐ pianiste	ピアニスト	☐ professeur	先生、教授
☐ salarié(e)	サラリーマン	☐ serve*ur*(*se*)	ウエイター
☐ vende*ur*(*se*)	店員		

◎51 Sports　スポーツ

☐ faire du vélo (du ski, de la natation, de la gymnastique)
サイクリング（スキー、水泳、体操）をする

☐ jouer au tennis (au basket-ball, au football)
テニス（バスケットボール、サッカー）をする

◎52 Habitation　住まい

☐ un studio		ワンルームマンション	
☐ une maison sans étage (avec un étage)		*1階建（2階建）の家*	
☐ le rez-de-chaussée	*1階*	☐ le premier étage	*2階*
☐ l'escalier(m)	*階段*	☐ l'entrée(f)	*玄関*
☐ la cuisine	*台所*	☐ le salon	*居間*
☐ la salle à manger	*食堂*	☐ la salle de bains	*浴室*
☐ le bureau	*仕事部屋*	☐ le loyer	*家賃*

(f) 女性名詞　(m) 男性名詞

150

PRODUCTION ORALE

口頭試験問題のポイント2

■ Échange d'information 情報の交換 （約2分）
質問することができ、その返答が理解できているかどうか。

　下の例のように、単語の書かれたカードの中から、紙に書かれている単語を使って受験者は試験官に質問をします。試験官は質問に簡単に答え、その答が理解できているかどうかもチェックします。この問題は10分間の準備時間内に質問文を準備することができます。

　次のページに質問文の例を出していますが、まず自分で以下の単語を使ってどんな質問ができるのか考えてから、次のページを参考にしてください。

カードの例

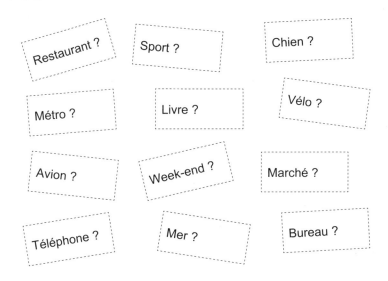

＊試験で渡される単語は6つです。

151

PRODUCTION ORALE

> 質問文の例

　受験者が単語を適当に選んで**試験官に質問をします**が、試験の前に準備時間が10分ありますので、その時間内に**質問文は用意しておいてください**。同じ動詞や同じ構文のみを使うのではなく、動詞を変えるなどの工夫は必要です。

　試験官が質問に答えますので、その返答を聞いて、理解できたら、それなりの反応をすることも評価されます。

　試験官は友達ではないので、tu で話すことは避けたほうがよいでしょう。いくつ質問をするかは試験官が決めますので、時間内にできるだけ多くの質問をするようにします。

　受験者は例えば次のような質問をすることができるでしょう。

🎧 53

単語カード	質問文の例
Restaurant ?	— Est-ce que vous allez souvent au restaurant ?
Chien ?	— Est-ce que vous aimez les chiens ? — Vous avez un chien ?
Métro ?	— Est-ce que vous prenez le métro pour aller au travail ?
Vélo ?	— Avez-vous un vélo ? — Faites-vous du vélo ?
Avion ?	— Est-ce que vous aimez voyager en avion ?
Marché ?	— Est-ce que vous aimez le marché ? — Vous allez souvent au marché ?

PRODUCTION ORALE

Téléphone ?	— Est-ce que vous avez un <u>téléphone</u> portable ? — Quel est votre numéro de <u>téléphone</u> ?
Bureau ?	— Où est votre <u>bureau</u> ? — Vous travaillez dans un <u>bureau</u> ?
Sport ?	— Quel est votre <u>sport</u> préféré ? — Est-ce que vous faites du <u>sport</u> ?
Livres ?	— Vous lisez beaucoup de <u>livres</u> ?
Week-end ?	— Qu'est-ce que vous faites le <u>week-end</u> ?
Mer ?	— Vous allez souvent à la <u>mer</u> ?

DELF A1
PRODUCTION ORALE

口頭試験問題のポイント3

■ Dialogue simulé ou jeu de rôle 模擬会話（約2分）
　買い物ができる、情報を得ることができる。

　買い物または何かの予約や問い合わせなど、日常生活でよくある状況での模擬会話をします。自分で選んだ2問の中から、1問を選んで準備をします。まず指示文をよく読んで、状況を間違いなく把握して、対話の準備をしましょう。指示文の中に対話のヒントがあります。準備時間内に質問文を用意します。

状況設定には次のような場合があるでしょう。
1）店（市場、食料品店、花屋、パン屋など）での買い物
2）喫茶店やレストランでの注文
3）ホテルのフロントでの会話
4）観光案内所や旅行会社での問い合わせ
5）駅で情報を得て、切符を買う
6）劇場や映画館で情報を得て、チケットを買う
7）各種講座（語学、スポーツ等）について問い合わせて、申し込む

　普段の授業で、上記のような状況設定での会話には慣れていると思いますから、落ち着いて会話をすることです。
　状況設定はちがっても、質問をして、選び、お金を払うというのは同じことです。一番多いのが、お店での買い物という状況設定なので、その練習をしておきましょう。試験官から渡された絵に書かれている物について、値段その他の質問をし、いくつか購入し、お金を払います。買い物の場合、あなたが客になり、試験官が店員です。ユーロの紙幣とコインも前もって渡されます。絵には値段の書いてあるものと、ないものがあるので、適当に質問をします。最後に、値段がいくらになるか質問し、言われた額を正確に支払います。足し算をして合計額を言うのは試験官ですので、受験生が計算をする必要はありません。数字は聞き取れるように練習しておきましょう。聞き取れないときは聞き返すことも大切です。

■ Exemple

試験官から渡される資料

Sujet   À la boulangerie

Vous êtes dans une boulangerie à Paris. Vous vous renseignez sur le prix des produits, vous choisissez un ou plusieurs articles et vous payez.

L'examinateur joue le rôle du boulanger.

DELF A1

PRODUCTION ORALE

┌───┐
│ EXEMPLE 会話例と解説   │
└───┘

資料の訳（指示文は注意して読んでください。）

パン屋で
あなたはパリのパン屋にいます。商品の値段について質問し、1個または
数個の品物を買い、お金を払います。
試験官はパン屋を演じます。

試験官 Examinateur は店員 vendeur(euse)、受験者 Candidat(e) はお客
Client(e) で模擬会話をします。

🎧 54

Candidat(e) : Bonjour, madame (monsieur).
受験者：　　　こんにちは。
Examinateur : Bonjour, monsieur (madame). Qu'est-ce que vous désirez ?
試験官：　　　こんにちは。何にされますか。
Candidat(e) : Je voudrais une baguette. Ça coûte combien ?
受験者：　　　バゲットを1つください。いくらですか。
Examinateur : Un euro 60. Et avec ça ?
試験官：　　　1ユーロ60サンティームです。他はいかがですか。
Candidat(e) : Deux croissants et un pain au chocolat, s'il vous plaît.
受験者：　　　クロワッサンを2個とパン・オ・ショコラを1個お願いします。
Examinateur : Croissants au beurre ?
試験官：　　　バター入りクロワッサンですか。
Candidat(e) : Oui, s'il vous plaît. Et, je voudrais aussi un gâteau. Combien
　　　　　　　coûte ce gâteau ?
受験者：　　　はい。またケーキもほしいのですが。このケーキはいくらしま
　　　　　　　すか。
Examinateur : 13 euros.
試験官：　　　13ユーロです。

156

Candidat(e) : D'accord. Je le prends.

受験者： いいです。いただきます。

Examinateur : Ça fait 18€ 50.

試験官： 18ユーロ50サンティームになります。

Candidat(e) : Voilà.

受験者： はい。どうぞ。

Examinateur : Merci, monsieur (madame) !

試験官： ありがとうございます。

Candidat(e) : Au revoir, madame (monsieur). Bonne journée !

受験者： さようなら。よい一日を！

○最初と最後の挨拶は評価の対象となりますので、忘れないようにしましょう。
　お金も落ち着いて、間違いなく払うようにしてください。

○ euro （€、ユーロ）の billet（紙幣）は500€、200€、100€、50€、20€、10€、5€ の7種類ありますが、よく使われる紙幣は50€ 以下です。DELF の試験にも次のページのように50€ 以下の紙幣の絵が渡されますので、よく見ておいてください。

　硬貨は2€、1€、50 cents、20 cents、10 cents、5 cents、2 cents、1 cent の8種類ありますが、試験で渡されるのはこのうち2€、1€、50 cents、20 cents 等です。cent はフランス語では centime（サンティーム）と言われます。euro は「10 EURO」、centime は「10 CENT」のように、紙幣または硬貨の上では複数の s をつけずに表記されています。

　100サンティームが1ユーロです。買い物の額が12ユーロ20サンティームであれば、10ユーロ紙幣1枚と硬貨で2ユーロと20サンティームを払うことになります。

　なるべく現金で支払う練習をした方がよいと思いますが、カードと小切手の写真も渡されますので、大きな額のものを購入した場合は、カードで払うなら、カードで払えますか？　Est-ce qu'on peut payer par carte ? と聞くといいでしょう。小切手は使いにくいのでやめた方がよいでしょう。

DELF A1
PRODUCTION ORALE

■ユーロ紙幣、硬貨の見本（参考）

■ Exercice 1

次の絵を使って模擬会話の練習をしてみましょう。

Sujet   Au marché

Vous êtes au marché à Paris. Vous vous renseignez sur le prix des produits, vous choisissez un ou plusieurs produits et vous payez.

L'examinateur joue le rôle du vendeur.

PRODUCTION ORALE

■ Exercice 2

次の絵を使って模擬会話の練習をしてみましょう。

Sujet   Chez le fleuriste

Vous êtes chez le fleuriste. Vous demandez le nom des fleurs et leur prix. Vous choisissez des fleurs et vous payez.

L'examinateur joue le rôle du fleuriste

■ Exercice 3

次の絵を使って模擬会話の練習をしてみましょう。

Sujet　　　　　　　　Dans une boutique

Vous êtes dans une boutique. Vous demandez le prix de vêtements qui vous plaisent, vous les essayez et vous les achetez.

L'examinateur joue de rôle du vendeur.

PRODUCTION ORALE

EXEMPLE　会話例と解説

■ Exercice 1

資料の訳

市場で
あなたはパリの市場にいます。品物の値段を聞き、1つまたはいくつかの品物を買い、お金を払います。
試験官は店員の役を演じます。

🎧 55

Candidat(e) : Bonjour, monsieur (madame).
受験者：　　　こんにちは。
Examinateur : Bonjour, madame (monsieur). Qu'est-ce qu'il vous faut ?
試験官：　　　こんにちは。何がご入用ですか。
Candidat(e) : Je voudrais un kilo de pommes de terre.
受験者：　　　ジャガイモ1キロください。
Examinateur : Et avec ça ?
試験官：　　　他はよろしいですか。
Candidat(e) : Trois tomates et deux concombres, s'il vous plaît.
受験者：　　　トマト3個とキュウリ2個をください。
Examinateur : Voilà.
試験官：　　　はいどうぞ。
Candidat(e) : Combien coûte ce melon ?
受験者：　　　このメロンはいくらですか。
Examinateur : Ça coûte 4 euros 50. C'est pour ce soir ?
試験官：　　　4ユーロ50サンティームです。今晩食べますか。
Candidat(e) : Non, c'est pour demain soir.
受験者：　　　いいえ。明日の夕方用です。

PRODUCTION ORALE

Examinateur : Alors, prenez celui-là. Il sera très bon.

試験官：　　　それでは、これにしてください。とてもおいしいですよ。

Candidat(e) : D'accord. Je le prends.

受験者：　　　わかりました。それを買います。

Examinateur : Ça fait 16€50.

試験官：　　　16ユーロ50サンティームになります。

Candidat(e) : Voilà.

受験者：　　　はい。どうぞ。

Examinateur : Merci et bonne journée !

試験官：　　　ありがとうございます。よい一日を。

Candidat(e) : Merci, monsieur (madame). Au revoir !

受験者：　　　ありがとうございます。さようなら。

　合計16€50と試験官が言うのを聞き取って、自分の持っているお金で言われた額を払います。

　正解というのはありませんので、自分で状況と会話を想像してください。

163

DELF A1
PRODUCTION ORALE

■ Exercice 2

花屋での買い物の例です。あなたは花の名前を聞き、値段を聞き、いくつか選んで購入し、お金を払います。

会話の一例をあげますが、正解というのはありません。自分で考えて会話をすることが大切です。試験官によっても対応は異なります。

🔊 56

🔊 80 Candidat(e) : Bonjour, madame (monsieur).

受験者：　　こんにちは。

Examinateur : Bonjour, monsieur (madame). Que désirez-vous ?

試験官：　　何をお望みですか。

Candidat(e) : Je veux offrir un bouquet de fleurs à ma mère.

受験者：　　母に花束を送りたいのですが。

Examinateur : Vous aimez les tulipes ? Elles sont belles !

試験官：　　チューリップはお好きですか。きれいですよ。

Candidat(e) : Oui, mais ce n'est pas ma fleur préférée.

　　　　　　　Comment s'appelle cette fleur ?

受験者：　　ええ。でも私の好みの花ではないです。この花は何という名前ですか。

Examinateur : C'est un glaïeul.

試験官：　　グラジオラスです。

Candidat(e) : Il est beau, mais ma mère préfère les roses.

受験者：　　きれいですが、母はバラがすきです。

Examinateur : Il y a plusieurs sortes de roses. Vous avez le choix.

試験官：　　色んな種類のバラがありますよ。

Candidat(e) : Je choisis celles-ci. Elles coûtent combien ?

受験者：　　私はこれを選びます。値段はいくらですか。

Examinateur : Elles sont à 3 euros 20.

試験官：　　3ユーロ20サンティームです。

Candidat(e) : Bon, j'en prends cinq.

受験者：　　では、5本ください。

164

PRODUCTION ORALE

Examinateur : Je vais vous faire un joli bouquet.

試験官：　　きれいな花束をつくりますよ。

Candidat(e) : Je vous dois combien ?

受験者：　　おいくらですか。

Examinateur : Ça fait 16 euros.

試験官：　　16ユーロです。

Candidat(e) : Voilà 16 euros.

受験者：　　はい。16ユーロです。

Examinateur : Merci, monsieur (madame).

試験官：　　ありがとうございました。

■ Exercice 3

　服飾店での買い物の例です。気に入った服の値段と試着できるかを尋ねましょう。気に入った商品を選び、お金を払います。

　その際、カードで払えるかどうかも尋ねてみましょう。

🔊 57

Examinateur : Bonjour, mademoiselle.　Vous cherchez quelque chose ?

試験官：　　こんにちは。何かお探しですか。

Candidat(e) : Bonjour.　Combien coûte ce chemisier ?

受験者：　　こんにちは。このシャツブラウスはいくらですか。

Examinateur : 25 euros.

試験官：　　25ユーロです。

Candidat(e) : Je peux l'essayer ?

受験者：　　試着できますか。

Examinateur : Bien sûr !　Quelle taille faites-vous ?

試験官：　　もちろんです。サイズはいくらですか。

Candidat(e) : 38.

受験者：　　38です。

Examinateur : D'accord.　Je cherche votre taille.　Voilà.

試験官：　　わかりました。あなたのサイズをさがします。これです。

165

DELF A1
PRODUCTION ORALE

Candidat(e) : Merci. Et je voudrais aussi essayer cette jupe.

受験者：　　ありがとう。このスカートも試着したいです。

Examinateur : Très bien. Elle va très bien avec ce chemisier.

試験官：　　いいですよ。シャツブラウスととても合いますよ。

Candidat(e) : Combien coûte la jupe ?

受験者：　　このスカートはいくらですか。

Examinateur : Elle est en soldes. Elle est à 50 euros.

試験官：　　セールで50ユーロですよ。

Candidat(e) : Je prends les deux.

受験者：　　それらを買います。

Examinateur : Ça fait 75 euros.

試験官：　　75ユーロになります。

Candidat(e) : Est-ce que je peux payer par carte ?

受験者：　　カードで払えますか。

Examinateur : Bien sûr. Passez à la caisse.

試験官：　　もちろんです。レジに行ってください。

Candidat(e) : Merci.

受験者：　　ありがとうございます。

PRODUCTION ORALE

○買い物をする場合に必要な表現は覚えておきましょう。

◎58 ―値段を聞く表現

Ça coûte combien ?	値段はいくらですか。
Combien coûte un pain (une baguette) ?	パン（バゲット）はいくらですか。
Combien coûtent ces tomates ?	このトマトはいくらですか。
Combien coûte une bouteille de vin ?	ワイン1本いくらですか。
Ça fait combien ?	いくらになりますか。（計算してもらう場合）
C'est combien, la boîte ?	1箱、いくらですか。

◎59 ―～が買いたい、～したいという時

Je voudrais du riz.	お米がほしいのですが。
Je voudrais une salade.	サラダ菜を1つほしいのですが。
Je voudrais des pommes.	リンゴがほしいのですが。
Je prends un camembert.	カマンベールチーズを1つ買います。
Je prends celui-ci (celle-ci).	これを買います。

◎60 ―質問をする表現

Avez-vous d'autres couleurs ?	別の色はありますか。（洋服などの時）
Est-ce qu'on peut essayer ?	試着できますか。
Qu'est-ce que vous me recommandez ?	何かお勧めはありますか。
Qu'est-ce que c'est ?	これは何ですか。
Comment prépare-t-on ce plat?	この料理はどのように作りますか。
Où paie-t-on ?	どこで払いますか。

◎61 ―店員さんの表現

Qu'est-ce que vous voulez ?	何をお望みですか。
Vous cherchez quelque chose ?	何かお探しですか。
Puis-je vous être utile ?	お役に立てますか。
Je peux vous aider ?	お手伝いできますか。
Ce sera tout ?	それで全部ですか。

DELF A1
PRODUCTION ORALE

62 ―映画館、資料館、学校、駅などで情報を得る時の表現

Je voudrais connaître les horaires du film « Les Aventuries »?
「冒険者たち」という映画の時間割りを知りたいのですが。

Quels sont les tarifs ? 料金はいくらですか。

Combien coûte l'entrée ? 入場料はいくらですか。

Quel est le prix des cours de tennis ? テニスのレッスン料はいくらですか。

分量表現のチェック

63

☐ 200 grammes de viande hachée ひき肉 200 グラム

☐ Un kilo de pommes リンゴ 1 キロ

☐ Un litre d'huile 油 1 リットル

☐ Une livre de beurre バター 500 グラム

☐ Une tranche de jambon ハム 1 切れ

☐ Un cageot d'oranges オレンジ 1 籠

☐ Un pot de confiture ジャム 1 瓶

☐ Une demi-douzaine d'œufs 卵半ダース

☐ Une bouteille de vin rouge 赤ワイン 1 本

☐ Un morceau de sucre 角砂糖 1 個

☐ Un morceau de gâteau ケーキ 1 切れ

☐ Une feuille de papier 紙 1 枚

☐ Un paquet d'enveloppes 封筒 1 束

☐ Un paquet de cigarettes たばこ 1 箱

☐ Un bouquet de fleurs 花束 1 個

PRODUCTION ORALE

語彙のチェック

🔊 64 Au café　カフェで

- ☐ boisson(f)　飲み物
- ☐ bière(f)　ビール
- ☐ café noir　ブラックコーヒー
- ☐ thé(m)　紅茶
- ☐ vin(m)　ワイン
- ☐ sandwich(m)　サンドイッチ
- ☐ sandwich jambon　ハムサンド
- ☐ quiche lorraine(f)　キッシュロレーヌ
- ☐ glace(f)　アイスクリーム
- ☐ tarte(f) aux fruits　フルーツタルト

- ☐ café(m) au lait　カフェオレ
- ☐ chocolat(m) chaud　暖かいココア
- ☐ eau minérale(f)　ミネラルウオーター
- ☐ jus(m) de fruits　フルーツジュース
- ☐ thé au citron　レモンティ
- ☐ croque-monsieur(m)
　　　　　　　　　クロックムッシュウ

- ☐ mousse(f) au chocolat
　　　　　　　　　チョコレートムース

🔊 65 Au restaurant　レストランで

- ☐ addition(f)　勘定
- ☐ bifteck(m)　ステーキ
- ☐ bien cuit(e)　ウエルダン
- ☐ carte(f) des vins　ワインリスト
- ☐ entrées(f.pl)　アントレ
- ☐ hors-d'œuvre(m)　オードブル
- ☐ omelette(f)　オムレツ
- ☐ plat(m) du jour　日替り料理
- ☐ plat de résistance　メインディッシュ
- ☐ salade(f) composée　盛り合わせサラダ

- ☐ apéritif(m)　アペリティフ
- ☐ à point　ミディアム
- ☐ carte(f)　メニュー、献立表
- ☐ crudités(f.pl)　生野菜
- ☐ frites(f.pl)　フライドポテト
- ☐ menu(m)　定食
- ☐ pâté(m)　パテ
- ☐ soupe(f)　スープ
- ☐ spécialité(f)　名物料理
- ☐ terrine(f)　テリーヌ

(f) 女性名詞　(m) 男性名詞　(pl) 複数形

169

DELF A1
PRODUCTION ORALE

66 Dans une papeterie　文具店で

- [ ] cahier(m) ノート
- [ ] colle(f) のり
- [ ] gomme(f) 消しゴム
- [ ] sac(m) à dos リュック
- [ ] stylo à bille ボールペン

- [ ] ciseaux(m.pl) はさみ
- [ ] crayon(m) de couleur 色鉛筆
- [ ] loupe(f) 虫眼鏡
- [ ] stylo(m) 万年筆
- [ ] trombone(m) クリップ

67 Dans un magasin de vêtements　衣料品店で

- [ ] blouse(f) ブラウス
- [ ] chapeau(m) 帽子
- [ ] chemisier(m) シャツブラウス
- [ ] cravate(f) ネクタイ
- [ ] imperméable(m) レインコート
- [ ] manteau(m) コート
- [ ] pull(m) セーター
- [ ] veste(f) 上着
- [ ] sac(m) en cuir 皮のバッグ

- [ ] blouson(m) ブルゾン
- [ ] chemise(f) ワイシャツ
- [ ] costume(m) スーツ
- [ ] ensemble(m) アンサンブル
- [ ] jupe(f) スカート
- [ ] pantalon(m) パンタロン
- [ ] robe(f) ドレス

- [ ] chaussures(f.pl) 靴

68 Dans une pharmacie　薬局で

- [ ] brosse(f) à dents 歯ブラシ
- [ ] dentifrice(m) 歯磨き粉
- [ ] shampoing(m) シャンプー
- [ ] médicament(m) pour l'estomac 胃薬
- [ ] médicament contre le rhume 風邪薬

- [ ] comprimé(m) 錠剤
- [ ] savon(m) 石鹸
- [ ] sirop(m) シロップ

(f) 女性名詞　(m) 男性名詞　(pl) 複数形

PRODUCTION ORALE

69 Au marché　マルシェで

☐ ananas(m)	パイナップル	☐ banane(f)	バナナ
☐ cerise(f)	サクランボ	☐ figue(f)	イチジク
☐ fraise(f)	いちご	☐ kiwi(m)	キウイ
☐ mandarine(f)	みかん	☐ melon(m)	メロン
☐ orange(f)	オレンジ	☐ pastèque(f)	スイカ
☐ pamplemousse(m)	グレープフルーツ	☐ pêche(f)	もも
☐ poire(f)	なし	☐ pomme(f)	リンゴ
☐ raisin(m)	ぶどう	☐ avocat(m)	アボカド
☐ aubergine(f)	なす	☐ chou(m)	キャベツ
☐ carotte(f)	人参	☐ concombre(m)	キュウリ
☐ chou-fleur(m)	カリフラワー	☐ haricots(m.pl) verts	インゲン豆
☐ épinard(m)	ほうれん草	☐ maïs(m)	とうもろこし
☐ laitue(f)	レタス	☐ tomate(f)	トマト
☐ oignon(m)	たまねぎ	☐ pomme(f) de terre	じゃがいも

70 Chez le fleuriste　花屋で

☐ chrysanthème(m)	菊	☐ dahlia(m)	ダリア
☐ hortensia(m)	アジサイ	☐ lys(m)	ユリ
☐ muguet(m)	すずらん	☐ œillet(m)	カーネーション
☐ orchidée(f)	ラン	☐ rose(f)	バラ
☐ tulipe(f)	チューリップ	☐ violette(f)	スミレ

71 Couleur　色

☐ beige	ベージュ	☐ blanc(he)	白	☐ bleu(e)	青
☐ gris(e)	灰色	☐ jaune	黄色	☐ noir(e)	黒
☐ orange	オレンジ	☐ rose	ピンク	☐ rouge	赤
☐ vert(e)	緑	☐ violet(te)	紫		

著者紹介

阿南婦美代（あなん ふみよ）
長崎外国語大学名誉教授。1991年からDELF/DALFの試験を大学でのフランス語教育に取り入れ、コミュニケーション能力の到達目標の1つとして受験指導を行った。2005年にDELF/DALFの試験官としての公式資格を取得、現在まで更新継続中。

DELF 関連著書：
『DELF/DALF フランス語公式免状の紹介（DELF A1 試験問題・解説と採点資料付き）』（発行：フランス大使館、共著：Jean-François Rochard、2009年 1 月）、「DELF/DALF 日本フランス語試験管理センターの日本語サイト」作成に協力（2011年11月）、教科書『Passionnément 1 (DELF A1)』、『Passionnément 2（DELF A2)』（トレフル出版）

はじめての DELF A1

2019 年 4 月30日　初版発行
2024 年 6 月 1 日　改訂版発行

著　　　者　© 阿南婦美代

発行・発売　トレフル出版

　　　　　　〒240-0022　神奈川県横浜市保土ヶ谷区西久保町 111
　　　　　　TEL 045-332-7922
　　　　　　http://www.trefle.press

デ ザ イ ン　フォレスト

イラスト・図版　斉藤昌也（BBCat）

地 図 作 製　西田久美

編　　　集　山田　仁

編 集 協 力　古賀　恵

写　　　真　123RF / Shutterstock.com

印 刷 製 本　モリモト印刷

本書の無断複写（コピー）は著作権法上の例外を除き、禁じられています。乱丁・落丁はお取り替えいたします。
Printed in Japan

倉方フランス語講座　全3巻

倉方 秀憲 [著]

長年にわたりプチ・ロワイヤル仏和辞典（旺文社刊）に携わってきた著者による、渾身のフランス語学習書シリーズ。

I 文法　　　（初級〜中級対象）

フランス語文法を基礎から段階的かつ着実に習得する。丁寧な解説と豊富な練習に加え、新たな見方や考え方が随所に示されている。内容：文の基本的な要素と構文 / 修飾語句 / 否定文、疑問文 / 直説法現在の活用 / 疑問詞 / 現在時制 / 過去時制 / 未来時制 / 人称代名詞、中性代名詞 / 代名動詞、関係代名詞 / さまざまな構文 / さまざまな代名詞 / 条件法と接続法 / 書き言葉

ISBN: 978-4-909912-19-0　　定価：3,850円（税込）

II 語形成　　　（初級終了〜中級対象）

接尾辞の種類と特徴、派生語の作り方、派生の過程における諸現象を詳しく学び、フランス語の語形成でもっとも重要な接尾辞派生のしくみを理解する。内容：語形成と接尾辞派生に関する基本事項 / 「人・物」を表す名詞を作る接尾辞 / 「行為」を表す名詞を作る接尾辞 / 形容詞を作る接尾辞 / 「性質・状態」を表す名詞を作る接尾辞 / 動詞を作る接尾辞 / 副詞を作る接尾辞

ISBN: 978-4-909912-20-6　　定価：3,630円（税込）

III 語彙と表現　　　（中級以上対象）

フランス語の歴史と主な言語事象を概観した後、現代フランス語の語彙と表現をさまざまな面から考察して、幅広い知識を身につける。内容：フランス語の由来と変遷 / 語形と語義（多義語、同形異義語、類音語、類義語、対義語、オノマトペ）/ 接頭辞派生 / 複合（複合名詞、複合動詞など）/ 名付け（名付けの発想と表現形態）/ 時間・論理関係の表現 / 慣用句とことわざ

ISBN: 978-4-909912-21-3　　定価：3,630円（税込）